Ryu Youngmo

류영모 / 안규식

<컴북스이론총서>는
현대를 호흡하는 사상가들을 소개합니다.
단순한 사상의 축약, 해제가 아닙니다.
해당 사상가를 연구해 온 전문가가 직접
사상가의 핵심 키워드 10개를 뽑아 해설하고 비평합니다.
인간과 비인간, 현실과 가상, 문화와 야만의
경계를 넘나드는 모든 사상을 싣겠습니다.
오늘을 살아가는 모든 이의 나침반이 되겠습니다.

컴북스이론총서

류영모

안규식

대한민국, 서울, 커뮤니케이션북스, 2024

류영모

지은이 안규식
펴낸이 박영률

초판 1쇄 펴낸날 2024년 10월 18일

커뮤니케이션북스(주)
출판 등록 제313-2007-000166호(2007년 8월 17일)
02880 서울시 성북구 성북로 5-11
전화 (02) 7474 001, 팩스 (02) 736 5047
commbooks@commbooks.com
www.commbooks.com

ISBN 979-11-7307-212-3 04150

책값은 뒤표지에 표시되어 있습니다.

어둠과 비움의 자기-초월적 인간학을 향하여

다석 류영모(多夕 柳永模, 1890~1981)는 19~20세기를 살았던 한국 근현대의 종교사상가이자, 철저한 수행 정신을 지니고 한국 종교 전통의 언어와 사유로 그리스도교 신앙을 구현한 그리스도교 사상가다. 2008년 한국에서 열린 제22회 세계철학자대회에서 한국 근현대를 대표할 사상가로 다석이 세계 각국의 철학자들에게 소개된 후 그에 대한 관심이 서서히 높아졌다. 다석의 어떤 측면이 그를 주목하게 했는지 여러 가지로 설명할 수 있는데, '류영모'라는 이름 앞에 늘 붙는 '다석'이라는 호는 그의 삶과 사유를 특히 잘 설명해 준다.

'이 영원한 저녁이 그립도소이다'

다석은 1941년부터 다석재(多夕齋)라는 호를 쓴다. 다석은 '많을 다'(多)와 '저녁 석(夕)'으로 이루어져 있는데, 여기에는 두 가지 뜻이 있다. 하나는 많은 끼니(多)를 먹는 대신 하루에 저녁 한 끼(夕)만 먹는다는 뜻이다. 식욕과 성욕 같은 인간 욕망을 끊는 금욕 수행을 실천해 궁극적 실재라 할 '하나(一)'와 하나가 되려 한 다석의 의지를 담은 종교-수행적 의미를 띤다. 다른 하나는 다석이 평생 추구한 정신세계와 신비를 은유적으로 표현한 것으로서 '저녁'이다. 다석은 사람들이 물질적 세계의 아름다움·힘·생명이 띠는 '빛'의 차원을 존재의 전부라 생각하지만, 사실상 이러한 차원보다 더 근원적이고 영원하며 커다란 정신적 차원이 있다는 것을 알았고 이를 '저녁'이라 불렀다. 커다란 행성과 산화한 행성이 발산하는 빛조차 하나의 티끌로 만들어 버리는 우주의 온통 까만 어둠처럼, 다석은 '저녁'의 큰 어둠 속에서 자신이 하나의 점에 불과하다는 사실을 깨달았다. 다석은 이 큰 어둠과 하나가 되는 것이 자신을 무(無)와 같은 점 곧 실체는 없고 좌표만으로 그 존재를 말할 수 있는 점으로 만든다는 것을 알았다. 다석은 이 어둠의 '저녁', 모든 존재자 너머에 있는 그 근원을 평생 그리워하면서 이렇게 말했다. "첨(처음)도 저녁이오 나종(나중)도 저녁이다. 첨과 나종이 한가지 저녁이로다. 저녁은 永遠(영원)하다. 낮이란 萬年(만년)을 깜박어려도 하루살이의 빛이다. 아 永遠한 저녁이 그립도소이다. 波動(파동) 아닌 빛속에

서 쉼이 없는 쉼에 살리로다."(류영모, 1990: 579)

다석은 많은 저녁을 하나의 저녁으로 만들듯 자신의 욕망과 자아를 하나의 점(·)으로 축소해 무와 공(空)이라는 궁극적 실재와 하나가 되는 수행적 삶을 통해 자신을 변형했다. 다시 말해 하늘로부터 이 땅을 향해 곧게 내려오는 생명의 은혜(ㄱ)를 이 땅에서 순순히 받들어 다시 하늘로 올리는, 즉 인간에게 선천적으로 주어진 우주 전체의 생명이자 신적 생명이며 인간이 완성해 나가야 할 본성인 '얼 생명'으로 솟구쳐 올리는(ㄴ) '긷(가온찍기)'라는 치열한 자기-비움의 수행적 삶을 통해 자신의 주체를 변형했다. 이로써 다석은 빛보다 큰 어둠의 차원과 아침보다 더 근원적인 저녁의 차원을 추구하는 새로운 인간학을 보여 주었다.

'죽음을 이기자는 것이 종교다'

다석은 저녁을 추구하면서 동시에 죽음을 추구했다. 다석은 죽음을 통해 죽음을 극복하는 영원한 생명을 얻으려 했다. 그 영원한 생명이 바로 '얼 생명'이다. 다석은 얼 생명을 자신의 종교적이고 철학적인 사유의 근본 문제로 보았는데,

얼 생명은 죽음이라는 실존적 문제를 직면해야만 발견할 수 있는 것이었다. 다석은 이렇게 말한다. "종교의 핵심은 죽음이다. 죽는 연습이 철학이요, 죽음을 이기자는 것이 종교다. 죽는 연습은 영원한 생명을 기르기 위해서다."(박영호, 2002: 180) 다석은 얼 생명을 찾기 위한 철저한 금욕 수행을 통해 죽음을 추구했다.

죽음을 추구하는 다석의 철학과 종교는 그의 생애와 밀접하게 연관되어 있다. 다석의 생애는 '탄생'이 아니라 '죽음'으로 더 잘 설명된다. 다석은 1890년 3월 13일 서울의 옛 남대문 수각다리 근처에서 태어났다. 다석은 왜소한 체구와 허약한 체질로 태어나 일곱 살 때 콜레라에 걸려 죽을 위기를 간신히 넘겼다. 다석은 자기 형제자매들의 죽음을 지켜보며 자랐는데, 원래 그에게는 위아래로 13명의 형제자매들이 있었으나 자신과 자신의 동생 류영철을 제외하고는 모두 일찍 죽었다. 무엇보다 다석이 스물한 살 때 겪은 동생 류영묵의 죽음은 그가 지닌 그리스도교 신앙과 자신의 실존에 대해 근원적으로 문제를 제기하게 한 계기가 되었다. 류영묵의 죽음으로 다석은 예수를 믿으면 모든 것이 다 해결된다는 신념을 회의하게 되고, 더 나아가 이 세계가 불완전한 곳임을 깨닫게 된다. 하지만 다석은 회의와 절망에서 멈추지 않고 죽음을 극복하는 생명에 대해 깊이 성찰하려 한다. 다석은 죽음 너머에 있는 그리고 죽음을 극복하는 생명이 무엇인지를 탐구하고, 이로써 생명이 드러나는 자리가 '오늘, 여기'임을 깨닫고 오늘 여기에서의 생명을 추구한다. 1918년부터 다석은 자신이 살아온 날을 숫자로 기록하면서 매일 자신의 삶과 죽음을 계산했다. 다석은 매일의 삶에서 이 세계의 모든 것을 무로 되돌리는 죽음을 상기함으로써 이 세계의 것에 대한 집착에서 벗어나고, 이와 동시에 유교·불교·도교 등 동양 종교의 수행 전통을 섭렵해 지금 여기에서 죽음을 극복하는 생명을 경험한다. 다석에게는 그 생명이 바로 얼 생명이었다.

한편 다석은 오산학교 교사로 있던 시절, 그곳에서 교분을 나누었던 여준과 신채호의 권유로 노자와 불경을 공부한다. 이 일은 죽음에 관한 실존적 문제를 깊이 고민하던 다석으로 하여금 ≪화엄경(華嚴經)≫과 ≪도덕경(道德經)≫ 같은 동양 종교의 경전들을 탐구하면서 그전까지 자신이 충실히 따랐던 정통적인 그리스도교 신앙 방식에서 벗어나 더 넓은 종교의 지평에서 생명을 탐구하게 했다. 소위 '정통' 그리스도교의 한계를 경험한 것도 그 계기 중 하나였지만, 이로써 다석은 그리스도교 신앙 방식을 벗어나 죽음을 이기는 생명을 발견하기 위해 모든 종교가 지향하는 전체 생명의 자리를 발견하려 했다.

다석 사상 전반에 걸쳐 발견되는 다양한 종교들의 지평 융합은 종교 간 대화나 종교다원주의로는 설명되지 않는다. 다석이 평생 추구한 사상의 지평은 죽음을 이기는 정신적 차원의 얼 생명이었다. 이 얼 생명은 모든 존재자의 근원이면서 다양한 존재자들을 모두 담아내고 '하나(一)'로 승화시키는 전체 생명이다. 따라서 얼 생명은 어느 특정한 종교에만 갇혀 있지 않고 모든 종교를 통해서도 드러나면서 서로 통해야 했다. 다석은 죽음을 이기는 이 얼 생명을 위해 다양한 종교의 경전을 섭렵할 수 있어야 한다고 보았다. 다석은 공자, 톨스토이, 간디 그리고 심지어 예수조차 얼 생명을 기르고 살리기 위해 마셔야 할 "하느님이 주시는 성령의 국물"(박영호, 2002: 147)로 이해했다.

이처럼 다석은 죽음을 통해 자신과 이 세계의 유한성을 깨달았지만 그의 사유는 죽음을 넘어서는 무한, 영원, 전체의 얼 생명이라는 지평으로 한없이 확장된다. 예컨대 다석의 수행적 삶은 식욕과 성욕처럼 생존에 필요한 욕구를 끊는 단식(斷食)과 단색(斷色)으로 점철되었지만, 이로써 다석은 죽음 그 자체를 긍정하기보다 죽음을 통과하지 않으면 닿을 수 없는, 오히려 죽음을 극복해야 찾아오는 또 다른 차원의 생명인 얼 생명을 추구했다. 다석의 말과 글에서 죽음과 생명에 관한 상반된 개념들이 한데 어우러져서 나타나는 이유는 죽음을 추구함으로써 얼 생명을 얻으려 한 다석 사상의 변증법적 역동성 때문이다.

예수, 얼 생명을 위한 새로운 인간학의 모범

다석의 얼 생명 추구에는 모범이 있었다. 그것은 나사렛 예수였다. "다석에게 예수는 인간 실존을 극복한 모범이면서 초월적 대상에서 이어 내려와 '지금 여기'(예)에서 능력(수)으로 경험되는 궁극적 실재였다."(안규식, 2024: 15) 다석은 조선의 망국과 국권 침탈, 분단과 한국 전쟁, 독재와 민주화 투쟁, 산업화와 도시화라는 근현대 한국의 혼란기 속에서 예수를 통해 "근현대라는 새로운 시대를 열어 갈 도덕적 생명 완성의 새로운 인간 주체"(안규식, 2024: 16)를 발견하려 했다. 성리학에서 일컫는 도덕적으로 완성된 성인(成人)의 이상이 무너지고 근현대 한국을 바로 세우기 위해서 새로운 인간 주체가 어떠해야 하는지에 대한 시대적 질문이 대두하자 다석은 동아시아의 지식인에게 익숙한 석가나 노자나 공자가 제시하는 이상적 인간학이 아니라 그리스도교가 제시하는 예수에게서 새로운 인간학을 찾았다. 더 나아가 다석은 동아시아의 이상적 인간학을 예수를 통해 재해석해 예수에게서 완전한 군자와 효자의 모습을 재발견한다.

단, 다석은 예수를 그리스도교의 교리나 제도를 통해 만나려 하지 않았다. 일찍이 톨스토이가 죽은 1910년 이후부터 다석은 톨스토이를 연구하면서 그에게 깊은 영향을 받는다. 다석은 톨스토이의 사상적 영향 아래 정통 그리스도교를 떠났고 스스로를 '비정통'이라 불렀다(박영호, 2012: 133). 톨스토이가 품었던 '정통' 그리스도교에 대한 반감, 곧 역사상 그리스도교가 보여 준 도덕적 위선과 종교적 폭력 그리고 미신적 태도에 대한 깊은 반감을 다석 역시 품고 있었다. 무엇보다 다석은 톨스토이가 추구한 것처럼 예수의 참된 가르침대로 사는 것, 추상적 교리를 거부하고 예수의 본래 정신을 되찾는 것, 인간의 도덕적 향상과 이상을 추구하는 것, 인간 내면에 자리한 영혼을 강조하는 것 역시 추구했다. 이 과정에서 다석은 톨스토이의 비정통 그리스도교 이해와 함께 유교의 성(性), 불교의 무아(無我), 한국 전통 사상인 천지인 삼재론(天地人 三才論), 마이스터 에크하르트(Meister Eckhart, 1260~1328)의 지성적 신비주의 신학 등을 바탕으로 삼고서 인간 내면에서 만나는 얼 생명의 발현을 그리스도라 규정했다. 다석의 모든 삶은 인간 안에 있는 그리스도를 찾고 만나기 위한 지난한 수행의 과

정이라고 할 수 있다.

다석이 열다섯 살이 되던 해에 그리스도교를 받아들이고서 스물두 살 때 그리스도교의 울타리에서 벗어났다가 다시 그 울타리 밖에서 평생 예수에 천착했던 이유는 단 하나였다. 그것은 새로운 시대를 열어 갈 인간 주체를 가능하게 할 실천력 곧 얼 생명을 예수에게서 발견했기 때문이었다. 다석이 유교, 불교, 도가 사상, 대종교 등 다양한 동양종교 전통의 사유와 언어를 섭렵했지만, 그 사상의 중심에 아버지 하느님, 아들 그리스도, 부자유친(父子有親)적 합일(合一)의 영인 성령에 대한 신앙 고백이 자리하고 있는 것은 바로 이러한 이유 때문이다. 다석이 추구한 새로운 인간학의 지향점은 영원한 생명을 원하는 것과 완성하는 것이었으며, 그것은 도덕적 실천력을 통해 증명되어야 했다. 예수는 다석에게 이 얼 생명을 가능케 하고 도덕의 수행적 실천력을 주는 새로운 인간학의 궁극적 모범이었다.

다석은 예수를 통해 발견한 얼 생명을 '참나'라 불렀다. 참나는 다석이 찾았던 새로운 도덕적 인간 주체인 '나'를 설명하는 용어다. 모든 인간은 하늘로부터 부여받은 얼이 있다. 이 얼은 인간의 참 본성으로서 초월적 하늘과 내재적 땅이 하나가 되어 인간 안에서 구현된 우주적이고 신적인 생명이다. 예수는 이 우주적·신적 생명인 얼 생명을 완성하여 인간의 참나를 보여 준 인간학적 모범이었다. 무엇보다 다석의 눈에 예수는 하느님에 대한 효를 완성한 효자였다. 유교적 세계관에서 효자가 사회적 감화를 통해 공동체의 이상을 구현하는 도덕적 모범이 되듯, 예수는 완전한 인간학을 보여 주는 모범이었다. 다석은 모범으로서 예수의 삶을 하느님을 향한 그리움과 식색을 끊는 철저한 금욕을 지향하는 '고디(곧음, 貞)'의 정신으로 설명했다. 다석은 인간이 이러한 수행을 통해 자신 안에서 그리스도를 만날 수 있으며, 이 만남 속에서 얼 생명을 찾을 수 있다고 보았다.

씨알, 새로운 역사와 구원의 주체

근현대 한국은 변화와 혼란 속에서 새로운 시대를 힘차게 열어 갈 역사적 변혁의 주체를 보여 줄 인간학이 필요했다. 다석은 이 새로운 인간학을 얼 생명의 모범이라 할 예수를 통해 찾으려 했고, 이 얼 생명을 역사 안에서 실현할 자기-초월적 역사 변혁의 인간 주체로서 '씨알'을 제시한다.

씨앗은 가장 작다. 그러나 씨앗은 그 안에 지금의 모습과 비교할 수 없는 새로운 존재인 나무가 될 자기-초월의 가능성을 내포하는 생명의 담지자다. 다석은 이러한 '씨'

의 은유와, 인간(ㅣ) 안에 있는 하늘의 정신적 생명(·)이 외적으로 발현되어 새로운 문명과 역사를 열어 간다는 뜻을 담은 한글 모음 'ㅏ'를 조합해 역사적 변혁의 생명을 지닌 주체인 '씨알'이라는 용어를 만든다. 다석은 평범하고 힘없는 민중을 씨알로 보고, 민중이 자기 안에 자기 극복의 초월적 생명을 담지하며 세계 구원과 역사 발전의 주체가 될 수 있다고 생각했다.

민중의 자기-초월적 생명은 타자의 고난 혹은 세계의 고난에 동참하면서 구체화한다. 다석은 이름 없고 가난하고 무시당하는 민중인 씨알을 온 세상의 구원을 위해 십자가 고난을 감당하는 '하느님의 종'이라 보았다. "이름 없고 무식한 동포, 가난한 동포, 밥 못 먹고 고생하는 동포, 그 가운데 하느님의 종이 많은 것"(류영모, 2017: 580)이다. 다석은 정의를 위해 자발적으로 고난을 받든, 가난과 무시와 질고를 겪음으로써 비자발적으로 고난을 받든 무릇 고난받는 자는 타자의 고난을 대신 짊어짐으로써 이 세계의 구원에 동참하고 있다고 보았다. 다석은 불의한 정권의 독재에 항거하다 수많은 민중이 목숨을 잃은 4·19혁명을 역사의 구원을 위해 민중이 자기 목숨을 희생 제물로 바친 대속(代贖)의 사건 곧 "우리 민족 역사상 하나의 유월절"(류영모, 2015: 76)이라고 설명했다.

이처럼 다석의 눈에는 고난의 사건에 참여하는 씨알이 곧 한국 역사의 주체이자 구원자였다. 예수가 이 세계의 구원을 위해 십자가 고난을 당한 것처럼, 씨알 역시 이 세계의 고난을 감당하면서 그리고 고난을 통해서 세계를 구원하는 신의 구원 활동에 동참한다. 씨알의 자기-초월 능력은 씨알 안에 내재한, 씨알의 근원이라 할 얼 생명이다. 민중 곧 씨알은 보이는 것처럼 작거나 약하거나 못나지 않다. 하느님의 얼 생명을 품고 이 땅의 굴곡 속에서 가난과 고난의 짐을 머리에 이고 있는 "씨알은 우리 님 되신 하나님을 머리에 이고, 비움과 치오름과 키움과 틔움으로 피어나는 꽃이다"(안규식, 2024: 506).

'세상을 미워하는 사람에게만 하느님이 다가오신다'

오늘날 우리는 인류세(Anthropocene)와 자본세(Capitalocene)가 불러온 기후 위기 등 전 지구적 재앙을 앞둔 암울한 시대 속에서, 트랜스휴머니즘(Transhumanism)과 호모데우스(Homo Deus)라는 이상에 따라 인간과 과학기술의 공진화와 인간 부정성 제거를 통한 '자기-초월'의 새로운 인간학을 모색하고 있다. 그렇다면 오늘날 다석의 인간학은 무엇을 이야기할 수 있을까?

다석의 인간학이 주장하는 '자기-초월'은 자기-긍정이 아닌 '자기-부정'을 그 핵심으로 삼는다. 다석은 이렇게 말했다. "세상을 미워하는 사람에게만 하느님이 다가오신다."(류영모, 2002: 41) 다석은 인간이 지닌 유한성 곧 탐욕, 분냄, 어리석음의 삼독(三毒)을 명확히 했다. 이 유한성에 대한 명확한 인식과 깨달음이 역설적으로 인간의 자기-초월을 지향하도록 하고, 자기-부정의 수행에 원동력을 준다. 다석은 삼독을 제거하는 자기-부정의 수행을 통해 인간 안에 참나가 드러난다고 보았다. 식색을 끊는 금욕적 수행은 "자연 생명의 본능과 인간의 본성을 부정하고 극복하기 위해서가 아니라 생명의 자연적 본능과 인간의 본성을 회복하고, 실현하고, 완성하기 위한 것"(박재순, 2017: 138)으로 이해할 수 있다.

다석의 삶과 사유는 죽음이 생명으로, '없음'이 '있음'으로, 고난이 행복으로 이어지는 단순한 이항대립적 도식으로 설명되지 않는다. 오히려 다석의 인간학은 죽음, 비움, 고난, '어둠', '저녁' 등으로 표현되는 인간 인식과 존재의 유한성이 자기-부정의 수행을 통해 새로운 차원의 얼 생명으로 전환되는 변증법적 역동성을 보여 준다. 인간이 가진 인식적·도덕적·생물학적 유한성을 NBIC(Nano, Bio,

Information technology, and Cognitive science)와 같은 첨단 과학기술을 통해 간단히 제거해 전지전능한 인간을 만드는 프로젝트는 인간의 자기-초월성을 설명할 수 없다. 인간의 영생은 무한하게 사는 것이 아니고, 인간의 전능은 모든 것을 다 할 수 있는 것이 아니며, 인간의 전지는 모든 것을 아는 것이 아니다. 오히려 인간은 죽음을 통해서 오늘 여기에서 삶의 숭고함을 보고, 무능을 통해서 상호 의존과 공생의 방식으로 생명 살림을 이루며, 무지함을 통해서 인간 언어와 인식 너머에 있는 신비를 발견할 수 있다. 이것이 부정성을 통한 인간의 자기-초월이다.

이러한 맥락에서 다석은 가장 온전한 인간이란 자기를 온전히 비움으로써 하느님의 들숨과 날숨을 아름다움과 생명의 가락으로 흘려보내는 미학적 인간이라고 보았다. 다석이 볼 때 "사람은 피리와 같다. 마음속이 비어야 하느님의 가락이 흘러나온다."(류영모, 2002: 213) 오늘날 다석의 삶과 사유가 우리에게 줄 수 있는 통찰은 바로 이러한 자기-부정의 자기-초월적 인간학에 있다.

각 장의 내용

이 책은 다석 류영모의 사상을 이해할 때 중요한 개념들, 다석이 사용한 고유한 용어들을 제시하고 열 가지 주제를 논한다. 이들 주제를 선정할 때 논리적 순서나 개념적 일관성을 고려하지는 않았지만, 동서양 사상을 창조적으로 융합하고 한국인의 언어와 정신세계를 통해 재구성한 다석의 인간학과 한국적 영성을 가리키려는 의도를 반영했다.

1장에서는 다석이 평생 추구한 궁극적 실재인 '하나'를 다룬다. 다석은 '하나'를 추구했으며, 모든 존재가 하나로부터 나와 하나로 되돌아간다고 주장한다. 다석이 추구한 하나는 '무'와 '절대' 그리고 전체로서 '무극이태극(無極而太極)'으로 설명된다. 다석은 모든 사람이 하나로 되돌아가야 할 긴박한 요구가 있다고 보았다. 특히 이 장에서는 하나로 되돌아가는 다석의 귀일 사상을 오늘날 분리와 분열의 시대에서 한국인이 전체 생명 안에서 하나 됨을 되찾는 대동(大同)의 지혜로 제시한다.

2장에서는 다석의 수행론에서 핵심이라 할 '생각'을 다룬다. 다석은 생각하는 곳에 신이 있다고 말한다. 다석이 제시하는 생각은 일반적인 인간의 인식 활동을 말하는 것이 아니다. 생각이란 존재론적 합일에서 주어지는 앎이며,

인식 주체의 능동적인 행위로만 설명되는 것이 아니라 인식 주체와 대상 사이의 개방과 참여라는 관계성에 기초한 사랑의 활동이다. 다석은 사랑의 정신 곧 생각이 존재의 변화를 넘어 존재의 생성으로 이어진다고 보았고, 더 나아가 인간 언어와 표상의 한계를 넘어서는 무지의 앎을 소개한다.

3장은 다석이 자기 삶의 최고 덕목으로 꼽았던 '고디'를 다룬다. 고디 정신은 식욕과 성욕을 끊는 철저한 금욕적 삶으로 구체화한다. 고디의 삶은 단순히 종교적 금욕주의로만 규정되지 않는다. 이 장에서는 다석의 고디 정신을 생명살림의 대항문화적 삶으로 조명한다. 다석은 고디가 제일 강하고 결국에는 반드시 승리한다는 확신이 있었으며, 그 근거를 예수의 십자가에서 발견했다. 이 장은 고디의 삶이 이 세상에서 어떻게 정의를 구현하며 승리할 수 있는지에 대한 전망을 살펴본다.

4장에서는 다석이 그리스도 신앙을 바탕으로 동양 종교 전통과 서양의 지적 전통 그리고 한국 정신문화를 융합해 어떻게 창조적인 종교 담론으로 발전시킬 수 있었는지에 대해 '그리스도록'이라는 다석 고유의 용어를 통해 설명한다. 다석에게 예수는 단순히 신앙의 대상이 아니라 얼 생명을 찾기 위한 수행적 능력과 도덕적 완성을 보여 주는 모범이었다. 다석은 자신의 내면에서 그리스도를 만날 수 있다고 주장했는데, 이 장에서는 다석의 그리스도 이해를 통해 그가 어떻게 얼 생명을 찾았고 그가 경험한 얼 생명의 내용이 무엇인지 제시한다.

5장은 다석의 '숨'에 관한 이해를 살펴본다. 다석은 숨을 신-우주-인간을 유기적으로 연결하는 포괄적 생명으로 이해했을 뿐 아니라 그리스도교 신앙의 관점에서 이 숨을 삼위일체의 한 위격인 성령으로 이해하며 이를 '숨님'이라고 불렀다. 이 장에서는 다석의 '말숨'과 '수믄 님' 개념을 살펴봄으로써 다석이 진리와 생명을 찾는 해석학적 방법의 구체적 내용들을 알아본다.

6장은 다석을 가장 한국적인 사상가로 자리매김할 수 있게 하는 그의 한글 이해를 다룬다. 다석은 한글을 '정음(正音)'이라고 불렀으며, 말년에 한국 고유의 전통과 사상에 주력하려고 ≪천부경(天符經)≫과 ≪삼일신고(三一神誥)≫와 같은 한국 근대 종교의 경전들과 더불어 훈민정음에 대한 연구에 천착한다. 이 장은 다석의 훈민정음 연구와 그 내용을 들여다본다.

7장은 다석이 지은 고유한 용어인 '씨알'을 알아보면서 다석이 구상했던 정치적 주체의 모습을 그려 본다. 다석은 민(民)을 씨알이라 불렀다. 이 장은 다석의 씨알 개념을 생명의 정치적 주체로 그리고 영성과 정치가 교차하는 지점으로 이해하고, 전체 생명을 위한 씨알의 정치적 함의를 살펴본다.

8장은 다석의 종교·수행적이고 형이상학적인 사유의 기초가 되는 중요 개념이라 할 '빈탕'을 다룬다. 다석은 동양 종교 전통의 개념인 무와 공을 통해 자신이 추구하는 궁극적 실재와 세계의 본질을 이해했고, 그 총체적 '비어 있음'의 상태를 빈탕이라 불렀다. 이 장은 다석이 이해한 빈탕의 내용을 살펴보고, 그것이 종교·수행적으로 그리고 형이상학적으로 어떻게 구체화했는지 설명한다.

9장은 다석의 '없이 계신 님'에 대해 알아본다. 다석은 자신이 신앙하는 하느님을 없이 계신 님이라 표현했다. '없이 계시다'는 독특한 표현은 단순한 역설적 표현이 아니다. 다석이 구상한 없이 계신 님의 사유는 무극이태극의 우주생성론, 무와 공 같은 동아시아의 종교·형이상학적 개념들을 담고 있으며, 이를 통해 신은 누구이고 이 세계와 어떻게 관계를 맺는지를 동아시아의 종교적 사유로 발전시킨 가장 독창적인 예라 할 수 있다.

10장은 아름다움에 대한 다석의 사유를 알아본다. 다석은 모든 아름다움의 바탕을 허공이라 생각했다. 다석은 존재자들의 '있음(有)'과 존재자들의 근원이라 할 '없음(無)'

의 '사이'가 아름다움의 자리라 생각했다. 이 장에서는 다석이 추구한 아름다움이 무엇인지, 다석이 이 아름다움을 어떻게 추구하고 경험했는지 알아본다.

참고문헌

김명수(2012). ≪씨알사상과 민중신학≫. 한국학술정보.

류영모(1990). ≪多夕日誌 4≫. 홍익재.

류영모(2017). ≪다석 강의≫. 교양인.

류영모 지음, 박영호 엮음(2002). ≪多夕 柳永模 어록≫. 두레.

류영모 지음, 주규식 기록, 박영호 풀이(2015). ≪다석 씨알 강의≫. 교양인.

박영호(2012). ≪다석전기: 류영모와 그의 시대≫. 교양인.

박재순(2017). ≪다석 유영모≫. 홍성사.

안규식(2024). ≪비움과 숨: 한국적 영성을 위한 다석 류영모 신학 연구≫. 동연.

차례

일러두기

- 인명, 작품명, 저서명, 개념어 등은 한글과 함께 괄호 안에 해당 국가의 원어를 병기했습니다.
- 외래어 표기는 현행 어문규정의 외래어표기법을 따랐습니다.
- 다른 책의 구절을 직접 인용한 경우, '하느님'과 '하나님' 표기는 해당 구절의 표기 방식을 따랐습니다. 직접 인용이 아닌 구절에서는 '하느님'과 '하나님' 중 '하느님'으로 표기를 통일했습니다.

01
하나

다석 류영모는 '하나'의 사람이었다. 다석에게 '하나'란 이 세계에 존재하는 모든 것이 나와 마침내 되돌아갈 대상이었다. 따라서 다석의 사상을 우리는 귀일이라 부를 수 있다. 다석이 말하는 '하나'란 무엇이며, 우리는 어떻게 '하나'로 되돌아갈 수 있을까?

무, 절대, 전체로서 '하나'

다석 류영모는 "절대인 '하나'에서 비롯해 '하나'로 돌아가야 한다는 긴박한 요구가 우리에게 있다"(류영모, 2017: 763)고 말한다. 다석에게 '하나'는 무(無)이고 절대이며 전체이자 동시에 신앙적 대상이라 할 신(神)이었다.

다석은 1957년 5월 10일 강의에서 '하나'에 대해 설명하면서, 우선 '하나'란 우리가 흔히 생각할 수 있는 개별적 서수로서 하나가 아님을 밝힌다. 다석은 존재론적 차원에서 오직 하나의 '있음'을 말하는 유일(唯一)도 '하나'를 설명하는 데는 불충분하다고 보았다. 다석에 따르면 하나, 둘, 셋, 넷 등 이 세계 존재자들의 범주는 '상대(相對)'라고 할 수 있다. 반면 '하나'는 이러한 '상대'가 없는 무를 말하며, 이 무는 곧 '절대(絕對)'다(류영모, 2017: 765). 다석에게 절대로서 '하나'는 곧 신이었다. 다석은 이렇게 말했다. "상대세계에서 '하나'라면 신을 말하는 것입니다. 절대의 '하나'는 신입니다."(류영모, 2017: 332)

또한 다석은 신앙적 대상으로서 절대무(絕對無)라 할 '하나'를 전체라고 설명한다. 다석에 따르면 "하느님은 절대요 전체인 하나다. 무극이태극이란 오직 하느님뿐이다"(류영모, 2002: 64). 모든 존재자는 이 절대무와 전체라 할 '하나'에게로 돌아간다. 즉 다석은 모든 상대 존재자가 나온 근원이자 돌아갈 대상, 모든 존재자의 '없음'이라 할 절대인 무와 전체를 '하나'라 보았다.

무극이태극으로서 '하나'

다석은 신을 절대무와 전체로서 '하나'로 설명하는데, 이 '하나'를 설명하는 용어가 바로 무극이태극(無極而太極)이다. 다석은 자신의 일기에서 무극이태극이라는 용어를 여러 번 사용한다.

무극이태극은 ≪태극도설(太極圖說)≫에서 나온 용어다. ≪태극도설≫은 주렴계(周濂溪, 1017～1073)가 당시 도사들이 수련에 관해 논할 때 사용한 ≪태극도(太極圖)≫에 새로운 해석과 의미를 부여해 우주의 시작과 종말 그리고 하늘의 이치와 그 근원을 탐구한 내용을 담고 있다. 이 책의 시작이 되는 첫 용어가 무극이태극이다. 다석은 이 ≪태극도설≫을 다시 순우리말로 번역하는데, 그 제목을 1960년 11월 7일 일지에는 "커극겆 그림말(커극겆 그림말)[가없는 커다람(태극)에 관한 그림 말씀]"(류영모, 1990a: 768)로, 1966년 2월 11일 일지에는 "ᄒᆞ혼ᄀᆞᇰ 그림

ᄆᆞᆯ숨(하한가장 그림말숨)[가없는 커다람(태극) 곧 지극한 텅빔(무극)에 관한 그림 말씀]”(류영모, 1990b: 390)으로 번역하고, 무극이태극은 각각 “없극갗이오 커극갗이다(지극한 텅빔이 곧 가없는 커다람이다)”(류영모, 1990a: 768)로, “없ᄀᆞᄌᆞᆼ서 ᄒᆞᄒᆞᆫ ᄀᆞᄌᆞᆼ(없가장서 하한가장)(지극한 텅빔이 곧 가없는 커다람)”(류영모, 1990b: 390)으로 번역한다.

신유학의 한 분파로 한국과 일본에 큰 영향을 미친 이학(理學)을 완성한 주희(朱熹, 1130～1200)는 ≪태극도설≫의 무극이태극을 해석하면서, 태극이란 천지만물이 생성할 수 있게 하는 모든 리(理)의 전체이자 가장 훌륭하고 지극히 선한 도리라 설명한다. 하지만 태극은 또한 그 향방을 알 수 없고 형체도 없으며, 사물의 생성 전후로 존재하고 전체를 관통하면서 모든 것에 존재한다는 의미에서 무극이라고도 할 수 있다(풍우란, 2019: 533-544). 즉 무극이태극이란 천지만물을 생성한 근원이자 존재 원리인 태극이 인간의 인식과 감각으로 포획되지 않는 초경험적인 것으로서 현상 세계를 초월해 있다는 측면에서 무극이 됨을 말한다. 이러한 맥락에서, 성리학에 능통했던 다석이 ‘하나’를 설명하기 위해 주희의 해석을 바탕으로 무극이태극이라는 용어를 받아들였음을 추측할 수 있다. 특히 다석은 태극을 “한 하나”로, 무극을 “모르는 하나”로 표현하면서 절대이자 전체인 궁극적 근원의 한 측면을 태극으로, 인간 인식과 표상으로 파악할 수 없는 궁극적 근원의 다른 한 측면을 무극으로 보았다(안규식, 2024: 163). 결국 무극이태극으로서 '하나'는 만물을 생성하는 절대이자 전체라 할 존재 원리이면서, 동시에 이 현상계를 초월해 있어 감각 경험의 대상이 될 수 없는 궁극적 근원을 말한다.

태극과 무극은 모두 동일한 '하나'다. 태극으로서 '하나'는 고갈되지 않는 창조성으로 이 세계를 생성하고 유지하면서 인간의 지각과 감각 경험을 통해 자신을 구체화·현실화한다. 태극은 윤리와 도덕, 문화와 예술과 같은 차원에서 표현될 수 있는 우주 생성의 보편적 원리이자 인간이 따라야 할 도(道)로 이해된다. 그럼에도 태극으로서 '하나'는 여전히 인간 인식과 경험을 넘어서는 초월적인 타자로 남겨지는 무극으로서 '하나'다. 무극인 '하나'는 궁극적 실재에 관해 인간이 포착하고 구체화한 '하나'의 표상을 끊임없이 해체하고, 인간의 모든 문화적 시도와 구성물에 대해서도 그 초월성을 통해 끊임없이 비판하면서 새로운 창조적 가능성을 감지하게 한다. 다석이 살던 당시 한국의 정신세계가 붕괴한 상황에서, 다석은 우리가 이러한 태극이자 무극인 '하나'로 돌아가야 할 긴박함이 있다고 말했다.

'하나'에 이르는 길

다석은 '하나'를 무 개념을 통해 설명한다. 다석은 나누어져서 '마주 봄'의 상대계라 할 '둘'(마주 봄의 둘)이 아닌 상태 곧 나누어지지 않은 절대 유일로서 아무것도 가지지 않은 상태를 가리켜 둘이 아니다 해서 '불이(不二)'라 불렀고, 이것이 '하나'이자 무라 이해했다. 다석은 우리 존재의 근원과 귀결이 결국 이렇게 나누어지지 않은 절대의 무라는 것 곧 "불이즉무(不二卽無)"(류영모, 2017: 766)임을 알면 이 세계의 종노릇에서 벗어날 수 있다고 주장했다. '하나'로부터 나누어져 이 세계로 나온 모든 보이는 것은 있는 것 같지만 결국 사라져서 원래 나누어지지 않은 '하나'로 되돌아간다. 따라서 상대계에 속한 것들은 사실 있는 것이 아니라 없는 것이다. 없는 것을 있는 것으로 착각하고 소유하려는 데서 탐욕, 노여움, 어리석음의 삼독(三毒)에 매이는 노예의 삶이 시작된다. 다석이 말하는 '하나'는 이 상대계의 존재자들에 집착하고 또 얽매여 종살이하는 인간들이 되찾고자 하는 자유의 대상이자 근원이다. '하나'에서 나온 모든 인간은 처음부터 '하나'를 그리워하고 찾는다. 다석은 "맨 첨이고 참되시는 아버지 하느님을 그리워함은 어쩔 수 없는 사람의 본성(本性)"(류영모, 2002: 59)이라 말했다.

그렇다면 우리는 어떻게 '하나'에 이를 수 있는가? 우선 '하나'는 인간이 만들어 내고 소유하는 방식으로 얻을 수 있는 것이 아니다. '하나'에 다다르는 귀일의 길은 우리가 이 세계의 존재자들을 파악하고 획득하는 방식으로는 찾을 수 없다. 이러한 방식은 상대계의 방식이다. '하나'는 맨 첨이고 참인 무 그 자체이자 절대다. '하나'는 '없음' 그 자체이기에 가질 수도 없고 파악할 수도 없다. 오히려 절대인 무는 이미 주어져 있고, 본래 '존재'하고 있으며, 존재자들에 의해 은폐되어 있다. 다석은 이처럼 무로 존재하는 본래의 '하나'를 '원일물(元一物)'이라 부른다. 그것은 소유하는 것이 아니라 오히려 없는 것이며, 있었던 것조차 없었던 것처럼 잊어버려야 발견되는 것이다. 다석은 이렇게 말한다. "'원일물'이라는 것은 있는 것이 아닙니다. '불이즉무'한 것입니다. 소유한 것이 도무지 없고, 있었던 소유도 잊어야 하는 '원일'입니다."(류영모, 2017: 768) 따라서 '하나'를 얻는 득일(得一)의 길 혹은 '하나'로 돌아가는 귀일의 길은 무를 가리고 공을 채우고 있어 우리가 존재한다고 여기는 것들을 부정(否定)하는 것이다.

다석은 우리가 자신 안에서 '하나'를 발견한다고 설명한다. 다석은 경전을 깊이 생각하는 것과 같이 내적으로 파고드는 성찰로 자신 안으로 들어갈 때 '하나'가 있음을 알게 되고, 미미한 인간 주체는 '하나'를 품은 '큰 나'로 깨달아진다고 말한다. "큰 내 속에 이것이 있습니다(大我中). 그러니 종단은 하느님 아버지에게 매달릴 수밖에 없습니다. 신앙(信仰)을 갖는다는 것이 곧 대아중(大我中)입니다. 큰 내 속으로 들어가는 것입니다."(류영모, 2017: 960) 다석이 말하는 큰 나 곧 대아(大我)는 무아(無我)를 말한다. 어떤 존재자도 무보다 클 수 없기에, 그 큰 나는 나의 자아라 할 것이 없기 때문에 무아다. 반대로 큰 '하나'는 절대이자 가장 큰 존재이면서 동시에 인간 안에 가장 작은 점으로 존재하는 것처럼 이 세계의 가장 작은 것과도 동일시될 수 있다. 모든 존재자의 근원이자 귀결인 '하나'가 바로 무이기 때문이다.

다석은 이처럼 최대가 최소가 되고 영원이 순간으로 되어 인간 안에서 만나는 것을 가온찍기(ㄹ)라 불렀다. "가온찍기란 영원히 가고 가고 영원히 오고 오는 그 한복판을 탁 찍는 것이다. 가온찍기야말로 진리를 깨닫는 순간이다. 찰나 속에 영원을 만나는 순간이다."(류영모, 2002: 224) 또한 가온찍기의 장소는 점(·)이라 말할 수 있는데, 이 점은 절대인 '하나'와 유한한 존재인 '나'가 만나 무로 중첩되는 곳이다. 다석은 이것을 '얼'이라 불렀다. 다석은 평생 자기-

부정의 금욕적 수행을 통해 자신의 주체를 하나의 점으로 만들어 '하나'와 하나가 되려 했고, 얼과의 그 만남에서 오는 얼 생명을 추구했다.

대동의 지혜로서 '하나'

다석은 '하나'를 통해 인류가 온통 하나가 되는 지혜인 대동(大同)을 얻을 수 있다고 보았다. 이 상대계에 존재하는 모든 것은 전체인 '하나'에서 나온 개체이며, 다시 '하나'로 돌아간다. 다석은 오직 '하나'만이 존재하며 옳다고 주장한다. 서로 자기가 옳고 내 편만이 옳다고 주장하면서 분열된 인류가 다시 하나가 되는 길은 '하나'에게 되돌아가는 데 달려 있다. 온통 '하나'가 되는 지혜인 대동은 자신의 옳음과 내 편의 이익 이전에 우리가 마주 보면서 상호 의존해야 존재하는 '둘'이며, 결국 오직 '하나'만 존재하고 옳다는 것을 깨달으면 가능해진다(류영모, 2017: 110-111). 다석에게 하나로 되돌아가는 귀일은 곧 분열되고 소외된 인류가 다시 온통 하나가 되는 지혜다.

요컨대 다석에게 '하나'는 절대이자 전체인 신, 모든 것의 존재 근원이면서 존재의 원리인 태극이자 무극, 원일물로서 절대무, 인간 안에서 가온찍기의 점으로 전체와 개체 그리고 영원과 순간이 만나는 얼 생명, 온 인류를 하나로 만드는 대동의 지혜가 나오는 근원이라 말할 수 있다. 다석은 자신이 살던 시대의 긴박한 요청이란 이 '하나'로 돌아가는 귀일이라 주장했다.

'하나'를 추구하고 귀일의 삶을 살았던 다석의 이러한 주장은 타자는 물론 자기 자신과의 분열과 대립 그리고 소외를 경험하는 시대에 사실상 우리가 무엇으로부터 분리되었고 대립하고 있으며 소외되었는지 그리고 어떻게 다시 되돌아갈 것인지에 대한 통찰을 전해 준다. 각자 욕망을 좇아 각자도생하는 사회와 공동체는 전체 생명이 무엇인지 알지 못한다. 공동선에 대한 책임도, 타자에 대한 관심과 배려도 찾을 수 없다. 자기 욕망과 생존을 위한 개체로만 그 존재를 설명하는 인간학은 자기 이익의 욕망과 경쟁에 기초한 잔혹한 능력주의에 이바지할 뿐이다. 전체와 타자를 상실한 오늘날 우리 사회에 다석의 '하나'는 전체 안에서 자신과 타자를 발견하는 대동의 지혜를 보여 줄 것이다.

참고문헌

류영모(1990a). ≪多夕日誌 1≫. 홍익재.

류영모(1990b). ≪多夕日誌 2≫. 홍익재.

류영모(2017). ≪다석 강의≫. 교양인.

류영모 지음, 박영호 엮음(2002). ≪多夕 柳永模 어록≫. 두레.

안규식(2024). ≪비움과 숨: 한국적 영성을 위한 다석 류영모 신학 연구≫. 동연.

풍우란 지음, 박성규 옮김(2019). ≪중국철학사-하≫. 까치글방.

02
생각

현대사회를 살아가는 인간은 정보의 과잉을 경험한다. 우리는 오늘날 이러한 정보의 과잉이 우리 존재를 더 온전하게 만들기보다 진정한 우리 자신에게서 멀어지게 하고 소외시킨다는 것을 깨닫는다. 다석은 존재를 변화시키는 생각을 추구한 '생각'의 사람이었다. 다석은 인간이 자신 안으로 파고드는 관조적인 생각을 통해 영원의 차원을 경험하고 존재를 변화시킨다고 주장했다.

신을 생각하다

다석 류영모는 철저한 수행적 삶을 통해 정신적 생명인 '얼' 생명을 찾으려 했다. 다석의 수행적 삶은 탐욕, 분노, 허영, 게으름 등 인간 삶의 비참함에 원인이 되는 것을 식욕과 성욕 같은 근원적 욕망의 과잉으로 간주하고 이를 하나의 '점'으로 축소하는 금욕적 수행이었다. 예를 들어 다석은 젊은 시절부터 냉수마찰을 즐겨 하고 몸의 편안함을 멀리하기 위해 평소에 무릎을 꿇고 곧게 앉는 생활을 했다. 다석은 1941년 2월 17일부터 하루에 저녁 한 끼만 먹는 일일일식(一日一食)을 시작하고, 바로 그다음 날 일체의 성관계는 물론 부부간의 성관계마저도 끊는 해혼을 선언한다.

이같이 철저한 '고디(곧음, 貞)'의 정신과 자기-비움의 금욕을 바탕으로 한 삶은 내적이고 정신적인 원동력 없이는 불가능한 것이었다. 다석에게 그 원동력은 바로 신을 '생각'함이었다. 다석은 금욕을 통해 '짐승 버릇'과 '짐승 노릇'이라 할 수성(獸性)을 버리려 했지만, 이것을 가능하게 하는 것은 온 우주에 나타난 "하느님이 주신 글월"(류영모, 2002: 76)을 읽으며 신을 생각하는 것임을 알았다. 결국 다석에게 참을 생각하는 것은 신(神)을 생각하는 것이고,

신에 의해서 이루어지는 생각이며, 더 나아가 신 그 자체였다.

염재신재, 생각하는 곳에 신이 있다

다석에게 생각은 신을 만나는 장소였다. 다석은 생각하는 곳에 신이 있다고 해서 이를 '염재신재(念在神在)'라 표현했다. 다석에게 생각은 인간의 의식 활동에 그치지 않고 신이 존재한다는 신앙적 확신의 근거였다.

다석은 진리를 추구하는 인간 존재의 근거가 신이라 보았다. 사람이 진리에 대해 생각하는 것은 신에 의해 이루어지는 일이기 때문이다. 즉 다석은 신에 대한 인식적 추구의 근거가 신의 존재에 있다고 보았다. 무엇보다 다석은 생각은 신과의 만남과 연락이며, 생각하는 곳에 신이 있다고 말했다. "사람이 생각하는 것은 신이 있어서 생각하는 것입니다. 신과 연락하는 것, 곧 신이 건네주는 것이 생각이라고 할 수 있습니다.… 이 사람의 신관이 염재신재(念在神在)입니다. 생각하는 곳에 곧 신이 있습니다."(류영모, 2017: 99)

여기서 염재신재라는 말은 다석이 르네 데카르트(René Descartes, 1596～1650)의 코기토 명제(Cogito ergo sum)

를 언급하면서 강의 중 언급했던 용어다. 생각하는 곳에 신이 있다는 염재신재의 명제는 데카르트가 제시한 코기토 명제, "나는 생각한다, 그러므로 나는 존재한다"(데카르트, 2019: 179)는 명제와 비교했을 때 공통점과 차이점이 있다. 다석과 데카르트는 생각의 출발점 곧 생각의 원점이 주체인 '나'라고 주장한다는 점에서는 일치한다. 하지만 데카르트가 생각하는 주체인 '나'의 확실성을 주장했다면, 다석은 생각하는 곳에 신이 존재한다는 것의 확실성을 주장한다는 점에서 차이가 있다. 이러한 차이는 데카르트가 근대적 주체의 확실성에서 자연 세계의 존재에 대한 확실성으로 나아가려 한 반면에 다석은 자연 세계의 존재가 지닌 불확실성에서 신에 대한 생각 곧 말씀의 확실성으로 나아가려 한 것과도 이어진다(박재순, 2017: 192-197). 다석은 생각하는 마음을 '나'라고 보았고, '나'의 속을 파고드는 생각에 신의 현전이 주어진다고 보았다. 여기서 생각이 '나'이고 '나'가 곧 하느님이라는 존재론적 만남과 일치의 깨달음이 발생하는데, 이처럼 생각-나-신으로 연결되는 존재론적 일치가 곧 염재신재의 의미다. 다시 말해 생각하는 '나'가 곧 신이 존재하는 장소가 되는 것이다.

존재론적 합일과 사랑의 활동으로서 생각

염재신재로서 생각은 우리에게 인간 지성의 작용 곧 앎에 관한 두 가지 통찰을 제시한다. 첫째, 앎이란 존재론적 합일을 향해 나아가야 한다. 염재신재의 생각은 근대 이후 뚜렷이 드러난 배타적 인간중심주의와 자연에 대한 기술 지배를 이루는 인식론, 즉 주체와 객체의 분리를 통해 객체를 대상화하고 도구화하는 폭력적 인식론과 차이가 있다. 다석에게 인간 의식 곧 생각의 주된 목적은 '나'라는 생각하는 주체의 확실성을 통해 주체와 객체를 분리해 인식론적으로 파악하고 지배하는 데 있지 않았다. 오히려 다석은 생각을 통해 주체와 객체를 일치시키고, 더 나아가 주체와 객체의 합일적 관계에서 존재의 목적과 이유를 묻는 존재론적 앎을 추구했다. 다석은 이러한 존재론적 앎이 '나'의 안으로 파고드는 생각을 통해 절대자인 신 안으로 '파고들어가는' 존재론적 합일에서 주어진다고 보았다.

이러한 맥락에서 볼 때 궁극에 이르는 존재 물음인 추리(推理)는 존재의 근원을 향한 '밀어붙임(推)'이고, 인간의 정신의 토대(本)에 이르도록 끝까지 '밀고(推)' 나가는 생각은 절대자와 합일하는 신앙이 된다. 다석은 이렇게 말했다. "신앙은 추리(推理)하는 사색(思索) 없이는 안 된다. 추리하는 동안에 생각이 발전한다. 밀(推)어서 밑(本)을 보는 게 믿(信)음이다. 마침내 밑(本)이 훤하게 터지면 아버지께 다 다른다."(류영모, 2002: 91-92) 다석은 이러한 깊은 생각을 통해 초월과 내재, 영원과 찰나가 인간의 근원적 자리인 밑둥에서 만나는 장소를 가온찍기의 '점'이라 부르고, 이 점으로부터 진정한 인간 주체라 할 무아(無我)의 본체인 진(眞), 선(善), 미(美)가 발현된다고 주장한다(류영모, 2002: 83).

둘째, 앎이란 사랑의 활동이다. 다석은 생각을 통해 신과 합일하려 했다. 다석에게 생각은 인식적 차원을 뛰어넘어 신앙적 차원에 이른다. 다석은 "사람이 정말 모른다고 하는 하느님의 영원성과 이어져 하느님을 사랑하는 생각이 나와야" 한다고 주장했다. 다석에게 "나를 생각한다는 것은 사랑한다는 말"(류영모, 2017: 229)이었다. 다석은 인간이 신을 사랑할 생각이 나올 수 있는 이유는 신의 영원성 때문이라고 보았다. 앎이란 인식 주체의 능동적 행위만으로 설명되는 것이 아니라 인식 대상이 스스로를 개방할 때에야 비로소 앎의 조건이 주어지는 관계성과 함께 설명된다. 생각하는 곳에 신이 있다는 말에 담긴 중요한 함의가 여기에 있다. 신이 있기에 신을 생각한다는 것은 신이 자신의 존재를 개방하고 인간의 자유로운 참여를 이끌어 냄으로써 신을 알 수 있게 한다는 말이다. 따라서 앎이란 단순히 주체와 객체의 분리 속에서 객체를 대상화하는 인식이 아니라 자기 개방과 참여라는 관계성에 기초한 사랑의 활동이라고 말할 수 있다. 다석은 신을 생각하는 인간의 정신을 "사랑의 정신"이라 이야기하며 그러한 인간이 "하느님과 연애"를 한다고 말했다(류영모, 2017: 229).

생각은 불꽃이다

다석에게 생각은 인간의 인식적 활동을 넘어 존재를 변화시키는 것이었다. 다석은 생각을 통해 이루어지는 존재론적 변화를 불과 불꽃의 은유로 설명했다. 생각은 인간 존재를 변화시키고 더 나아가 인간 존재를 생성한다. 다석은 이렇게 말했다. "생각은 불입니다. 생각은 불꽃입니다.… 생각에 불이 붙어서 개개인의 나가 나옵니다."(류영모, 2017: 227) 생각의 불꽃을 통해 인간 존재가 변화하고 생성되는 것은 그 '불꽃'이 인간 중심에서 신의 말씀을 태우기 때문이다. 이러한 의미에서 다석은 사람이란 '사르는' 존재이며, 그 안에는 "말씀을 사뢰는 중심"(류영모, 2002: 78)이 있다고 보았다. 사람은 생각을 통해 그 중심에서 말씀을 태워 나가면서 자신의 존재를 생성하고 변화시킨다.

다석의 생각은 이처럼 인간의 인식적 차원에 머물지 않고 진리로 자신의 주체를 변형하는 수행적 차원으로 나아간다. 다석은 생각이야말로 곧 하늘로부터 부여받은 인간 본성이자 인간이 수행적으로 '받아서 할' 대상인 바탈(性)을 태우는 것이라고, 생각의 불꽃을 태우는 것은 바탈을 '태우는' 것과 마찬가지라고 보았다.

바탈을 태워 존재론적 변화와 생성을 가져오는 생각은 다음과 같은 차원을 갖는다. 첫째, 종교, 예술, 학문 등 인간의 문화적 차원이다. 인간은 문화적 활동을 통해 바탈을 태울 수 있다. 둘째, 몸으로부터 생각을 '캐내는' "몸과 맘과 얼의 통합적 차원"이다. 인간은 몸을 통해 체험하고 그 체험을 마음으로 해석함으로써 이를 의미로 전환해 얼의 깨달음으로 나아간다. 셋째, 바른 수행과 바른 깨달음을 상호 연결하는 불교의 팔정도(八正道)에 기초한 수행적 차원이다. 바른 삶의 수행에서 바른 생각이 나오며, 그 바른 생각은 다시 바른 수행을 낳는다. 바른 수행과 바른 생각, 이 둘은 나누어지지 않고 순환적이다. 다석은 영원한 얼의 생명을 위한 길은 팔정도와 같이 오직 바르게 생각하는 수행에 있다고 주장했다(안규식, 2024: 485-487).

다석은 성경은 물론 여러 동양 종교의 경전들을 읽고 깊이 생각했다. 이러한 생각은 다석의 내면에서 생각의 불꽃이 되어 말씀과 본성을 불사르며 다석을 새로운 존재로 변화시켜 나가는 것으로 경험되었다. 다석은 생각의 불꽃이 인간을 온전한 존재로 곧 신을 닮은 존재로 변화시켜 나간다는 것을 깨달았고, 생각을 통한 초월적 만남과 존재론적 변화를 상승으로 경험했다. 이러한 맥락에서 생각은 하늘로 오르는 기도(祈禱)였다. "생각하는 것은 기쁜 것이다. 생각하는 것이 올라가는 거야. 생각이 기도야. 기도는 하늘에 올라가는 거야. 정말 하나님의 뜻을 따라 올라간다는 것이 그렇게 기쁘고 즐거울 수가 없다."(류영모, 2002: 90)

모름지기의 앎

다석은 생각의 사람이었다. 다석은 사람의 본질이란 "맨춤이 그리워 차짐(맨 처음의 참을 그리워 찾음)"(류영모, 1990: 184) 곧 맨 으뜸의 진리인 신을 그리워 찾는 데 있다고 보았다. 인간은 생각의 '불꽃'으로 인간 정신의 '불사름'을 통해 자기 존재를 변화시키고 생성해 나간다. 그러나 다석은 이러한 생각을 통한 깨달음의 끝이 바로 무지(無知)라고 말했다. 다석은 생각의 과정을 "모룸 무룸 므름"(류영모, 1990: 184) 곧 무지의 '모룸', 허무의 '무룸', 질문의

'므름'으로 보았다. 이 생각의 과정은 므름에서 무롬을 지나 모름에 가는 것으로써, 생각의 마지막 과정은 '모름' 곧 무지다(김흥호, 2001a: 527). 다석은 인간은 이러한 '모름'을 반드시 지켜야 한다고 주장하며 이를 "모름지기"라 표현했다. "나는 '모름지기'란 우리말을 좋아한다. '모름지기'란 반드시 또는 꼭이란 뜻이다. 사람은 모름(하느님)을 꼭 지켜야 한다. 우리는 하느님 아버지를 모른다."(류영모, 2002: 20)

다석은 인간 인식에 한계가 있다고 주장한다. 인간은 사물과 세계 그리고 자기 자신을 탐구하고, 자신의 심층적 차원에서 궁극적 실재와의 만남을 경험하고 깨달음 곧 앎의 차원으로 구성한다. 그러나 여기에서 알려지지 않는 또 다른 앎이 있다. 그것은 무지의 지(智)다. 1957년 4월 23일 다석은 "唯神(유신)"이라는 제목의 한시를 통해 유한한 앎인 상대적인 앎을 넘어서는 또 다른 차원의 절대적인 앎이 있음을 밝히고, 이것을 가장 높은 차원의 앎을 뜻하는 "상지(上智)"로 표현한다(류영모, 1990: 301). 다석은 이 상지에 도달하는 길은 우리의 지가 알지 못하는 부지(不知)가 되는 것이라 말한다. 이에 대한 다석의 제자 김흥호의 표현처럼 "아무것도 모른다는 것을 아는 것이 상지요, 내지가 부지(不知)가 될 때, 나의 촛불을 끌 때 별빛처럼 유일신이 나타난다”(김홍호, 2001b: 447).

무지의 지 곧 상지에 대한 다석의 통찰은 통상적으로 우리가 아는 앎에 대한 중요한 통찰을 준다. 그것은 우리의 지식이 오히려 참된 앎을 가릴 수 있다는 것이다. 편견, 아집, 고정관념, 이데올로기처럼 자기 자신과 이 세계를 왜곡하는 앎 그리고 인간 언어와 표상의 한계에서 비롯하는 앎에서 벗어났을 때 우리에게 참된 지식을 가져다주는 새로운 차원의 ‘앎’이 있다. 다석이 추구한 ‘생각’은 바로 이러한 앎 곧 무지의 지를 추구한다. 우리 존재를 ‘사르는’ 변화와 생성의 불꽃인 생각이 가져다주는 앎은 바로 이 무지의 앎이라 할 수 있다.

참고문헌

김흥호(2001a). ≪다석일지 공부 1≫. 솔출판사.

김흥호(2001b). ≪다석일지 공부 2≫. 솔출판사.

류영모(1990). ≪多夕日誌 1≫, 홍익재.

류영모(2017). ≪다석 강의≫. 교양인.

류영모 지음, 박영호 엮음(2002). ≪多夕 柳永模 어록≫. 두레.

르네 데카르트 지음, 이현복 옮김(2019). ≪방법서설≫. 문예출판사.

박재순(2019). ≪다석 류영모≫. 홍성사.

안규식(2024). ≪비움과 숨: 한국적 영성을 위한 다석 류영모 신학 연구≫. 동연.

03
고디

다석이 삶에서 최고의 덕목으로 삼았던 것은 식욕과 색욕을 초월해 정조와 순결을 지키려는 금욕적 '곧음'이었다. 다석은 그 곧음의 정신을 '고디'로 표현했다. 다석은 간디와 톨스토이처럼 하루에 저녁 한 끼만 먹는 일일일식과 일체의 성적 욕구를 제어한다는 의지로 혼인 생활의 성관계도 끊는 해혼을 통해 식색을 초월하는 고디의 삶을 추구했다.

식색을 초월하는 곧음의 삶

다석 류영모는 고디의 삶을 온전히 이룬 인물을 예수의 어머니인 마리아와 예수라 보고 이 두 인물을 고디라고 표현했다. 다석은 마리아를 하느님의 어머니라는 뜻에서 "한우님의 엄 고디"(류영모, 1990a: 82)와 "한엄고디"(류영모, 1990a: 98)로 불렀다. 다석의 제자인 김흥호에 따르면 다석은 동정녀 마리아를 "고디 철학의 화신"처럼 생각하고 천주교의 성모송을 번안해 자신만의 기도문으로 만들기도 했다(김흥호, 2001a: 211-212). 특히 다석은 예수를 거룩한 신앙적 대상이라는 의미에서 "거룩훈 우리 고디!(거룩한 우리 고디!)"(류영모, 1990a: 119)라고 불렀다. 심지어 다석은 그리스도교를 고디의 가르침이라 해 "정교(貞教)"라 불렀다(김흥호, 2001a: 327).

대항문화적 삶으로서 고디

고디란 식색(食色)의 만족을 추구하는 삶을 거부하고 곧음의 삶인 사랑과 정의를 통해 생명을 살리려 한 다석의 생애와 철학을 압축적으로 설명하는 용어다. 다석이 식색을 거부하는 고디의 삶을 살았던 이유는 단순히 금욕적인 종교 수행에만 있지 않았다. 다석의 고디는 대항문화적(counter-cultural) 삶의 방식으로 이해할 수 있다. 다석은 사람들이 추구하는 인생의 목적이 부귀(富貴)라고 보았다. 다석에게 "부귀란 식색의 사회적 표현"이었다. 다석에 따르면 모든 인간의 문화적 활동의 본질은 식욕과 성욕을 만족시키려는 것이며, 이것이 사회적으로 표출된 것이 바로 부귀 추구다. 다석은 식욕과 성욕의 문화적 추동만을 쫓아 살아가는 세태를 "인류 멸망의 징조"라고 보았다(박영호, 2012: 343). 다석의 관점에서 볼 때 식욕과 성욕의 무한 만족에 기초해 부귀를 추구하는 문화는 인간의 번영을 위태롭게 하는 것이었다.

식욕과 성욕을 제어한 다석의 금욕은 종교적 차원 못지않게 생명 살림의 차원에서 잘 설명된다. 다석은 하루에 한 끼를 먹었다. "우리 몸의 입이란 열린 무덤"으로서 동식물의 시체가 들어가는 문이며, 살아 있는 생물을 죽여서 잡아먹는 "식사(食事)는 장사(葬事)"이기 때문이다(류영모, 2002: 209). 다석은 과도한 성욕 역시 경계했다. 주로 남성이 자신의 과잉된 성적 욕망을 채우기 위해 여자의 성을 대상화하고 상품화하는 과색 역시 여성에 대한 성적 착취라 보았기 때문이다. 다석은 아름다움 자체가 나쁜 것이 아니라 "아름다움이 자본주의에 이용된다면 그것은 여자의 모독"(류영모, 1990b: 480)이라 말했다. 따라서 다석에게 과식 혹은 과색이 추동하는 현대사회는 자본주의하에서 탐욕이 주도하는 생명 파괴의 온상이다. 오늘날 탐욕이 주도하는 생명 파괴는 식물, 동물, 인간 등을 포함한 생태계 전체를 '먹어 치우는' 자본주의 시스템의 날카로운 '이빨'하에서 이루어진다. 낸시 프레이저(Nancy Fraser)는 "자본주의 경제가 제 배를 채우기 위해 가족과 공동체, 생활 터전, 생태계의 피와 살을 다 빨아먹어 버리는 현실"을 "식인 자본주의(Cannibal capitalism)"라는 용어로 표현한다(프레이저, 2023: 16-17). 이러한 맥락에서 다석이 40년간 하루에 저녁 한 끼만 먹었던 삶과, 부부 관계를 포함해 남녀 사이의 성관계를 끊은 삶은 단순히 종교적 수행의 차원을 넘어 과잉된 자기 욕망을 무한 충족하려는 탐욕과 자본주의가 결탁해 만들어 낸 생명 파괴 문화에 저항하는 정의로운 대항문화적 삶이라고 할 수 있다.

다석은 식색을 초월하는 금욕적 수행이라 할 고디의 삶을 통해 '살리는 사랑'을 추구했다. 다석은 먹는 것이건 성적 관계건 삶의 어떤 형태에서도 생명을 죽이거나 도구화·상품화해 자신의 욕망을 추구하는 것은 사랑이라고 할 수 없다고 보았다. 더 나아가 다석에게 고디의 금욕적 삶이 추구하는 생명의 본질이란 곧 사랑이었다. 다석은 이렇게 말했다. “남편은 아내의 도구도 아니고 아내는 남편의 도구도 아니다. 인간은 물건일 수는 없다. 상대방을 죽이는 것을 사랑이라고 할 수는 없다. 사랑이란 살리는 일이지 죽이는 일이 아니다.”(류영모, 1990b: 481)

타자의 고난에 동참하는 고디의 대속

다석은 생명 살림의 수행적 차원을 넘어 그리스도교의 대속(代贖, Atonement) 차원에서도 고디를 이야기한다. 일반적으로 대속은 누군가 받아야 할 죄의 대가나 고난을 대신하는 것을 뜻한다. 그리스도교 전통에 따르면, 구약 시대에는 소나 양과 같은 짐승이 희생 제물이 되어 인간을 대속했고, 궁극적으로는 예수가 인간과 세계를 위해 십자가의 피흘림으로 대속했다고 믿는다. 하지만 다석은 전통적인 그리스도교의 대속에 관한 이해를 넘어 예수나 희생 제물뿐 아니라 우리가 일상적으로 먹는 곡물도, 정의로운 일을 하다가 고난당하는 사람들도 우리를 위해 대속을 한다고 보았다. 무엇보다 다석은 우리가 “피로서, 맘의 고디(貞)로서 대속하는 정신”을 가진 대속의 주체가 되어야 한다고 주장한다. 여기서 고디의 대속은 자신의 몸으로 금욕적 삶을 통해 고디의 정신을 구현하는 것 곧 "제 몸뚱이로 제사 지내는 것"을 뜻한다(류영모, 2017: 759).

다석은 대속을 예수만이 할 수 있는 것이 아니라 고난을 당하거나 짊어진 모든 사람이 할 수 있는 것이라고 보았다. 다석이 보기에 "남을 위해서 살고 죽는 사람, 억울하게 죽은 사람, 마땅히 받아야 할 대우를 못 받고 핍박을 받아 죽은 사람, 이들은 전부 예수가 흘린 피에 못지않은 대속을 하고 죽어 간 사람들"(류영모, 2017: 759)이었다. 다석이 주장하는 고디의 대속은 두 가지 차원의 고난을 통해 완성된다. 첫째, 이 세상에서 정의 곧 고디를 이루고자 할 때 주어지는 필연적이고 자발적인 고난의 차원이다. 예수처럼 불의한 세상에서 자발적으로 고디를 이루려는 자 곧 정의롭게 살려는 자는 필연적으로 천직(天職)에 매달려 순직(殉職)하는 고난을 당한다. 둘째, 이 세상에서 우연적이고 비자발적으로 주어지는 고난의 차원이다. 비록 고디를 이루기 위한 자발적인 뜻은 없으나 원치 않게 우연적으로 고난당하는 자들도 '하느님의 종'으로서 타자의 고난을 대신함으로 고디의 대속을 완성한다. 다석은 이렇게 말했다.

이름 없고 무식한 동포, 가난한 동포, 밥 못 먹고 고생하는 동포, 그 가운데 하느님의 종이 많은 것입니다. 행세 못 하고 이름 없고 모두에게 무시당하고 촌놈이라고 놀림당하고 서울 구경도 한 번 못 한 이들, 대접받지 못한 이들 중에 하느님의 종은 많습니다. 가난하고 남에게 무시당하지만 끝에 가서는 다른 사람의 질고(疾苦)와 괴로움을 대신해 줍니다.… 못나서가 아닙니다. 우리의 어려움과 가난함과 괴로움을 대신 짊어진 것입니다.(류영모, 2017: 580)

결국 이 세상에서 주어지는 모든 고난은 그것이 자발적이고 필연적이든, 비자발적이고 우연적이든 이 세계의 대속을 위한 하나의 길이 된다. 고난의 보편성은 고난에 참여하는 모든 인간이 사실 고디를 이루어야 하는 길에 있다는 것, 고디를 이룸이 이 세계의 구원을 가져오는 길임을 뜻한다. 이제 고난당하는 자는 이 세계의 전체성 안에서 전체의 구원을 위해 주어진 고난을 대신 짊어진 존재가 된다. 다석의 관점에서 보면 고난당하는 모든 인간은 예수처럼 이 세계의 구원을 위한 '하느님의 종'이며, 다른 이들이 받아야 할 고난을 대신하고 있다. 우리는 고난에 대한 이러한 해석을 통해서 타자의 고난을 나를 위한 고난으로, 나의 고난을 타자를 위한 고난으로 볼 수 있게 되고, 이로써 전체 생명을 위한 고난에 동참하는 새로운 책임적 인간 주체성을 발견한다. 단절된 개체들의 사이에서 고난은 이처럼 전체의 자리에서 서로 하나가 되도록 만드는 매개가 된다(안규식, 2024: 304-305).

예수의 실패와 고디의 승리

다석은 이 세상에서 "고디가 제일 강하다"고 말하며 곧음은 반드시 승리한다 해서 이를 "정승자(貞勝者)"라 표현한다. 고디가 가장 강한 이유는 그것이 진리이고 참말이며 신과 통하는 것이기 때문이다. 다석은 신이 정직만을 좋아한다는 이유에서 고디가 가장 강하다고 주장한다(류영모, 1990b: 500). 이와 동시에 다석은 고디 곧 정의를 위해 천직에 매달리다 결국 십자가에 매달려 순직한 '예수의 실패'를 언급한다. 다석에 따르면 예수의 실패는 곧 "정의(正義) 쪽에서의 실패다". 마찬가지로 예수를 따르는 자들 역시 "정의 쪽에 실패자"가 되어야 한다. 정의로웠던 고디의 예수는 이 세상에서 십자가에 매달려 죽었다. 완전한 정의가 실현되지 않은 이 세계에서 예수의 죽음은 '실패'다. 하지만 그것은 정의 쪽의 실패이며, 정의가 구현될 수 없는 이 세상에 정의가 존재하는 방식이다. 다석은 정의가 지닌 불가능의 가능성을 쫓아 살아가는 것이 인간의 길이며, 그것이 곧 신앙이라 말한다(류영모, 2002: 147). 정의의 성공과 실패는 세상의 관점에서가 아닌 신의 관점에서 판가름된다. 이러한 이유로 정의는 이 세계 안에서 불가능한 것으로 드러나지만, 그럼에도 그 불가능성 속에서 정승자 곧 고디의 승리를 신앙하는 인간에게 정의는 그 모습을 드러낸다. 따라서 "정의는 오히려 '불가능'하지만, 역설적으로 신의 관점에 서는 것을 뜻한다"(지젝·밀뱅크, 2005: 321). 고디의 승리는 바로 여기에 있다.

다석이 추구한 고디의 삶은 파편화되고 분열되어 스스로를 자기 생존과 자기만족의 개체로만 이해할 뿐 공감과 상호 의존의 전체로 보지 못하는 우리에게 생명과 사랑과 정의의 삶, 타자의 고난에 연대하는 삶, 불가능한 정의의 신앙적 가능성을 성찰하도록 안내한다. 중세 독일의 신학자 마이스터 에크하르트의 말처럼 "정의란 정의로운 사람 안에서 탄생하며 정의로운 사람의 자식이 된다. 정의로운 사람은 성자 곧 태어나지 않은(Unbegotten) 정의이며 성부의 지혜다"(Eckhart, 1986: 160). 고디를 추구했던 다석 역시 자신 안에서 거듭나며 탄생하는 고디를 얼 생명으로 경험한다. 다석은 이를 얼 혹은 '독생자(獨生子)'라고 불렀다. 이 세상에서 완전한 정의 곧 고디는 불가능하지만,

고디를 추구하는 사람 안에서 고디가 탄생하고 그렇게 이 세상에 고디가 존재하게 된다.

참고문헌

김흥호(2001). ≪다석일지 공부 1≫. 솔출판사.

낸시 프레이저 지음, 장석준 옮김(2023). ≪좌파의 길: 식인 자본주의에 반대한다≫. 서해문집.

류영모(1990a), ≪多夕日誌 1≫. 홍익재.

류영모(1990b), ≪多夕日誌 4≫. 홍익재.

류영모(2017). ≪다석 강의≫. 교양인.

류영모 지음, 박영호 엮음(2002). ≪多夕 柳永模 어록≫. 두레.

박영호(2012). ≪다석 전기≫. 교양인

슬라보예 지젝·존 밀뱅크 지음, 박치현·배성민 옮김(2005). ≪예수는 괴물이다≫. 마티.

안규식(2024). ≪비움과 숨: 한국적 영성을 위한 다석 류영모 신학 연구≫. 동연.

Eckhart, M.(1986). *Meister Eckhart: Teacher and Preacher*. Paulist Press.

04

그리스도록

다석은 동양과 서양의 종교와 사상은 물론 한글과 천지인 삼재론 그리고 대종교 등과 같은 한국 전통 문화를, 생명 완성의 모범으로서 예수 그리스도에 대한 신앙을 바탕으로 해서 창조적으로 종합했다. 다석은 유교, 불교, 동양의 정기 사상 같은 동양 종교 전통의 수행적 실천을 통해 예수 신앙을 재구성해 자신만의 '제소리'를 우리에게 전달한다.

수행적 예수 신앙

다석 류영모는 예수를 생명 완성의 모범으로 삼았다. 다석에게 2000년 전 팔레스타인에서 살았던 '몸'으로서 예수는 중요하지 않았다. 다석에게는 예수가 우리와 같은 사람으로서 자기를 극복하고 얼 생명을 완성했다는 사실이 중요했다. 다석이 보기에 예수 외에 이와 같은 생명 완성을 이룬 사람은 없었다.

얼 생명의 완성을 이룬 예수를 향한 다석의 신앙은 호흡 곧 '숨'으로 표현되었다. 다석은 예수와 자신이 얼 생명의 차원에서 서로 이어져 있다고 보았다. 다석에게 예수는 영원부터 내려와 지금 여기에서 내쉬는 생명의 숨이었다. 따라서 다석은 예수에 대한 신앙을 표현할 때, 예수라는 고유명사에 숨이라는 용어를 조합해 '예수ㅁ'으로 표현했다. "이어이 예수ㅁ 쉬는 우리 밝는 속알에 더욱 나라 찾임이어지이다(이어 이어 온 예수의 숨을 쉬는 우리, 속알을 밝혀 더욱 하느님 나라를 찾을지어다)."(류영모, 1990: 403)

다석에게 예수는 얼 생명을 완성하는 수행적 능력을 보여 주는 모범이었다. 다석은 예수라는 이름의 의미를 이렇게 설명한다. "예수의 '예'는 여, 이가 합한 [것이]다. 예(玆)는 곧 여기다. '수'는 재주의 능력이다. 할 수 있느냐의 수는 바로 능력이나 재주를 말한다. 여기의 이 재주와 능력이 예수다."(류영모, 2002: 143) 다석이 예수의 이름을 떠올리면서 생각했던 것은 신으로부터 부여받은 얼 생명의 완성이었다. 다석은 예수를 우상화하지 않았다. 예수도 다른 인간들과 마찬가지로 거룩한 생각과 말씀인 하느님의 씨 곧 얼을 지니고 이 땅에서 우리와 똑같이 인간으로 살았다. 그러나 "예수의 독특한 점은 하느님의 씨(얼나)를 싹틔워 완성한 것이다"(류영모, 2002: 298).

더 나아가 예수는 그가 살았던 삶과 정신을 모범으로 보여 주며 자신을 신앙하는 모든 자에게 생명력을 수여한다. 다석은 1942년 ≪성서조선(聖書朝鮮)≫에 기고한 글에서 예수를 자신의 구주로 고백하며, "예수의 이름은 오늘도 眞理(진리)의 聖神(성신)으로 生命力(생명력)을 豊盛(풍성)하게 나리신다"(류영모, 2019: 405)고 밝힌다. "하느님을 섬기고 사람을 사랑함에 가장 으뜸가는 이는 예수 그리스도"(류영모, 2002: 144)이기에 다석은 평생 예수를 스승으로 받아들였다.

참나와 그리스도 그리고 독생자

다석은 탐욕, 분노, 어리석음 곧 탐(貪), 진(嗔), 치(痴)의 삼독(三毒)을 제거하는 치열한 수행을 통해 드러나는 인간의 참 주체인 '참나'를 추구했다. 다석은 예수를 신앙했을 뿐 아니라 예수가 하느님을 그리워하고 하나가 됨으로써 생명 완성을 보여 준 것처럼 자신 역시 생명 완성을 경험한다. 다석은 하느님과 '하나'가 되어 깨닫게 된 전체 생명을 참 인간 주체인 참나라 불렀고, 이 참나를 그리스도라고도 불렀다. 다석에게 "그리스도란 바로 된 생명, 바로 된 목숨이다. 본래의 참나(면목)"(류영모, 2002: 169)였다. 따라서 이 전체 생명인 그리스도는 다석이 '하나'라 부른 초월적이며 궁극적인 실재이면서 동시에 자기 자신이었다. 다석은 자신 안에서 이 그리스도가 계속해서 '태어나야' 한다고 보았다.

다석이 볼 때 예수가 그리스도가 될 수 있었던 것은 그가 보여 준 부자유친(父子有親)의 삶 곧 신을 아버지라 부를 수 있을 만큼 신과 존재론적 합일을 이룬 친밀함과, 자기를 비움으로써 신의 뜻을 온전히 이룬 경건한 효성 때문이었다. 부자유친의 삶은 예수가 이 땅에 대한 집착을 끊어내고 전체 생명이자 온전한 자아를 발견하도록 했다. 세상을 위한 예수의 십자가 '대속'을 가능케 한 사랑도 이 부자유친 덕분이었다. 이 사랑 곧 "모든 인류를 다 사랑할 수 있는 마음이 하늘 아버지와 독생자 사이의 親(친)함에서 우러나온 것"(윤성범, 1976: 24)이기 때문이다. 다석은 이러한 예수의 부자유친을 추구했고, 인간으로서 예수와 같은 부자유친의 삶이 가능하다고 믿었다.

다석은 예수처럼 신과 존재론적으로 합일하는 삶을 사는 것이 불가능하다고 보지 않았다. 또한 전통적인 그리스도교의 교리가 일반적으로 주장하는 것처럼 예수가 처음부터 인간과 존재론적으로 다른 독생자(獨生子)라고 생각하지 않았다. 다석의 독생자론에는 두 가지 의미가 있다. 첫째, 독생자란 '한 나신 아들(모든 인간 가운데서 유일하게 참나로 태어난 아들)'로서 모든 인간의 진정한 주체성이라 할 참나를 가리킨다. 둘째, '한 나신 아들'로서 독생자란 스스로가 '하나'의 아들임을 깨닫는 것이다.

다석은 독생자를 탄생 개념으로 해석한다. 모든 인간은 자신 안에 있는 참나를 깨달을 때 독생자의 탄생을 경험한다. 따라서 다석은 예수만이 독생자가 아니라 모든 인간이 자신 안에서 독생자의 탄생을 경험할 수 있다고 주장했다. 다석은 모든 인간이 하느님의 자녀로서 예수와 동일하게 '하느님의 씨'를 가지고 있으며, "천직에 매달린 모범을 통해, 우리를 위한 대속(代贖)"(류영모, 2017: 754)을 보여 준 예수처럼 "천직에 순직(殉職)한 자는 장소 여하를 불문하고 교리(教理)가 있건 없건 독생자로서 십자가를 진 사람"(류영모, 2017: 754)이라 보았다.

다석은 "사람이 천명(天命)을 알 때 하느님의 아들"(류영모, 2002: 153)이 되고, 이처럼 하늘의 명을 알고 받드는 독생자를 하늘의 명을 아는 하늘의 아들이라 해서 '그이' 곧 군자(君子)라 표현했다. 즉 다석은 하늘의 명을 알고 이를 이루는 자 곧 인간됨의 완성을 좇아 살아가는 자가 하느님의 아들이며 그리스도이고 독생자라 보았다. ≪중용(中庸)≫에서 제시되는 것처럼 인간성은 하늘이 인간에게 명하는 본성(天命之謂性)을 인간이 온전히 따를 때 완성된다. 이와 같은 유교적 천인합일(天人合一)의 이상이 다석의 예수 신앙과 만나, 예수 그리스도가 유교적 그리스도론의 형태로 구체화되어 "유교적 인간이 실현해야 할 궁극적 이상형"으로 제시된다(안규식, 2024: 311). 이제 믿음은 자신이 하느님의 씨가 들어 있는 독생자임을 믿는 것이며, 하느님이 준 그 씨 곧 인간 본성인 얼 생명을 싹트게 하고 자라 가게 하는 것이 된다(류영모, 2017: 875).

한 나신 아들의 탄생과 그리스도록

신의 아들인 독생자가 인간 안에 있으며 인간 안에서 태어난다는 주장은 전통적인 그리스도교 관점에서 볼 때 매우 급진적이다. 그런데 다석 이전에도 중세 독일의 신학자 마이스터 에크하르트가 이와 동일한 주장을 한 바 있다. 에크하르트는 신이 인간 영혼의 가장 깊숙한 곳에서 자신의 아들을 '낳고', 자신의 그 독특한 아들과 함께 인간들을 낳는다고 주장한다. 이로써 하느님의 아들로서 인간은 자신이 하느님과 같은 본질을 지닌 아들임을 알게 된다(에크하르트, 2024: 126).

다석과 에크하르트의 주장이 매우 유사한 것은 우연이 아니다. 다석은 일기에 에크하르트의 신학과 관련해 "神秘學說(신비학설)의 大意(대의)", "人天交際(인천교제)", "Eckhart의 神秘說(신비설) 1260～1329"(오늘날 알려진 사망연도는 1328년이다)와 같은 글을 남겼고, YMCA 연경반과 같은 모임에서 에크하르트에 대한 강의를 직접 하기도 했다(안규식, 2024: 192). 다석이 1905년 일본어 학교인 경성학당에 입학해 공부했고 이후 1912년에 동경물리학교로 유학을 가서 1년간 공부 한 것을 미루어 본다면, 그가 일본어로 번역된 에크하르트의 자료를 접하고 읽었을 것이라고 짐작할 수 있다.

다석과 에크하르트의 사상적 유사성을 바탕으로 인간 안에서 독생자가 어떻게 탄생하는지에 대한 내용을 살펴볼 수 있다. 에크하르트에 따르면 인간이 신의 아들로서의 탄생을 경험하는 길은 인간 영혼의 '근저'를 덮고 있는 잡다한 피조물들의 상(像)들을 제거해 그 어느 피조물에도 매이지 않는 순수함에 이르는 수행인 '초탈(Abgeschiedenheit)'에 있다. 초탈은 어떤 상황에서도 피조물들에 매이지 않고 미동조차 하지 않음으로써 신만으로 충만한 존재가 되는 것이다(에크하르트, 2024: 49-53). 결국 하느님의 아들됨을 경험하는 길로서 초탈은 자기-비움 그리고 모든 피조물의 상을 끊어 내어 무아의 경지에 이르는 것과 같다.

이와 상응하는 다석의 수행은 '몸성히, ᄆᆞᆷ비히, 바탈틔히'이다. 특히 ᄆᆞᆷ비히의 수행은 마음을 온전히 비우는 것으로, 그리스도를 향한 비움의 영성을 다석 자신만의 방식으로 표현한 것이다. ᄆᆞᆷ비히는 마음을 비운 경지인 빈탕(虛空)과 허심(虛心)에 이르기 위해 단식과 단색을 하고 절대인 신만 생각하는 것이다.

이 신앙적 수행의 원동력은 '하나'를 향한 '그리움'이다. 이 그리움이야말로 인간 안에서 그리스도가 태어날 수 있도록 비움의 수행을 가능케 하는 원동력이다. "하나님을 향한 다석에게 그리스도는 하나님을 향한 그리움을 통해 비워진 인간 영혼 안에서 태어나는 하나님의 아들이었다."(안규식, 2024: 325) 신을 향한 '그리움'이 인간을 그리스도의 자리에 '서도록' 그리고 더 나아가 인간을 그리스도가 '되도록' 하는데, 다석은 이를 '그리스도록'이라는 용어로 표현한다. "우리는 세상에 나와서 올라가고 다시 나오고, 먼 빛을 바라보며 그(하느님)를 그리워하고, 그가 그리워 나왔으니 그리스도록(立) 살아야 합니다. 이것이 그리스도입니다."(류영모, 2017: 184)

예수 그리스도에 대한 다석의 사유는 단순히 신앙의 영역에만 머무르지 않는다. 다석이 처해 있던 근현대 한국은 새로운 사회를 구축할 수 있는 새로운 인간 주체성을 요하고 있었다. 다석은 조선의 망국과 급격한 근대화라는 사회적 현실 속에서 생명을 완성할 인간 주체의 이상향을 예수 그리스도에게서 찾았다. 이와 같은 다석의 새로운 인간학 기획은 인간 내면에서 일어나는 존재론적 변화의 경험에 근거하고 있으며, 하나를 향한 '그리움'의 모방적 수행을 통해 도덕적 생명 완성의 그리스도가 된다는 불가능의 가능성을 지향한다는 점에서 미학적이다. 이러한 맥락에서 다석이 구상한 새로운 인간학은 수행적이고 미학적인 방식으로 개인의 존재론적 변화를 넘어 근현대 한국이라는 공동체의 사회적 변화에 이르고 더 나아가 하늘과 땅의 본성을 부여받은 소우주의 인간이 이룩할 우주적 변화까지 아우르는 통전적(統全的, holistic) 구원의 비전을 제시한다.

참고문헌

류영모(1990). ≪多夕日誌 1≫. 홍익재.

류영모(2017). ≪다석 강의≫. 교양인.

류영모(2019). "부르신지 三十八年만에믿음에드러감". ≪聖書朝鮮≫, 7, 403-408쪽.

류영모 지음, 박영호 엮음(2002). ≪多夕 柳永模 어록≫. 두레.

마이스터 에크하르트 지음, 프리드리히 알프레트 슈미트 뇌어 엮음, 박규태 옮김(2024). "하나님과 사람에 관하여". ≪영혼의 경이로움에 관하여: 마이스터 에크하르트의 논문과 설교≫. 감은사.

안규식(2024). ≪비움과 숨: 한국적·영성을 위한 다석 류영모 신학 연구≫. 동연.

윤성범(1976). "예수는 모름지기 효자다". ≪기독교사상≫, 7, 20-31쪽.

05
숨님

다석 류영모에게 진리의 깨달음이란 인간의 지성적 활동에 그치지 않고 영원과의 소통으로 이어져야 하는 것이었다. 다석은 관조에 이르는 지성적 활동을 숨이라는 생명의 활동과 연결했다. 다석은 내면에서 드러나는 진리의 현전 곧 인간이 품부한 얼 생명의 발현을 성령 혹은 그리스도라고 보았다. 특히 다석의 말숨 개념은 인간 내면에서 드러나는 진리의 현전을 가져오는 다석의 해석학의 핵심을 보여준다.

포괄적 생명의 숨님

다석 류영모는 '숨'을 "생명의 토대이자 우주의 존재자들을 하나로 통하게 하고 이어 주는 포괄적 생명의 영"(안규식, 2024: 345)으로 이해했다. 다석은 인간과 자연, 물질세계와 정신세계, 과거와 미래가 모두 생명의 숨으로 하나가 된다고 보았다. 다석은 "호흡이야말로 하나의 소식(消息)"이며, "신에게 통하는 것이 산 소식"이라 말했다(류영모, 1990c: 494). 즉 다석은 자연적 생명 활동으로서 숨을 우주와 주고받는 소식이면서 신과 주고받는 소식이라고 보았다. 더 나아가 다석은 자신이 가진 그리스도교의 삼위일체론적 신앙의 맥락에서 성령으로서 숨을 가리켜 '숨님'이라는 용어로 표현하기도 했다(류영모, 1990b: 550). 그리스도교의 삼위일체론적 관점, 특히 성령론적 관점에서 볼 때 다석의 '숨님'은 신-인간-우주의 친교와 일치를 가능케 하는 네트워크 그 자체로 이해할 수 있다. 숨으로서 성령 곧 숨님은 신-인간-자연을 유기적으로 연결하는 친교의 영이자 포괄적 생명일 뿐 아니라 그들 사이의 유기적 관계성과 친교를 보여 준다.

ᄆᆞᆯ숨(말숨): 파자와 파신으로 드러나는 진리와 생명

다석은 생명과 친교의 네트워크 그 자체인 숨을 세 가지로 구분했다. 코로 숨을 쉬면서 잠을 자는 등의 생리적 활동과 관계된 숨인 '목숨', 인간 언어·이해와 관련된 '말숨', 신과의 친교 속에서 초월적 삶과 관련된 '우숨'이다. 특히 다석은 "ᄆᆞᆯ숨眞:理解之發吾·心·曰氣"(말숨진:리해지발오심왈기)라 해서 깨달음을 통해 인간 마음에서 기(氣)의 형태로 터져 나오는 힘의 근원을 가리켜 '말숨'(류영모, 1990b: 825)이라고 했다. 말숨은 진리와 생명의 숨으로 이해할 수 있는데, 우주에 가득 차 있는 "활동운화(活動運化)하는 물건"(최한기, 2016: 24)인 기처럼 '물질적인' 형태로 진리에 담긴 생명의 힘을 이 세계에서 현실화한다. 다석의 말숨은 "참된 앎과 진리란 단순히 인식적 차원에 머무는 것이 아니라 모든 생명의 숨 쉬는 호흡처럼 통전적인 생명력의 근원이자 역동적인 운동력"(안규식, 2024: 351)임을 보여 준다.

진리의 현전과 역동을 기의 형태로 이해하는 다석의 말숨 개념은 초월과 내재, 정신과 물질, 무형과 유형을 이원론적으로 분리하지 않고 불이적(不二的)으로 이해할 수 있는 해석학적 틀을 제공한다. 기의 관점에서 보면 진리의 이해와 관련한 말숨 활동은 '물질'인 기의 운화를 통해 '살리는 생명'의 능력으로 현전한다. 즉 다석에게 진리란 정신적 활동의 표상과 이해에 그치지 않고 존재론적 변화로까지 나아가는 것이었다. 그렇다면 진리의 힘과 능력은 어떻게 드러나는가? 그것은 상징의 해체적 방법 곧 언어를 해석적으로 해체하는 파자(破字)와 몸을 수행적으로 해체하는 파신(破身)을 통해 이루어진다.

다석이 진리를 추구하는 방식은 단어와 글자를 해체해 새로운 의미의 용어로 변형하고 재조합하는 해체적 해석의 파자, 금욕적 수행으로 자신의 몸을 '깨는' 수행적 해석의 파신, 이 두 가지로 설명된다. 예를 들어 다석은 삼위일체의 성부와 성자의 관계를 말과 생각의 관계와 연결하면서, 언어를 해체하면서 드러나는 '뜻'에 대해 이야기한다. 성자를 통해 성부를 알게 되듯, 언어가 없으면 생각으로 나아가지 못한다. 이와 동시에 물질(物)로서 언어는 벗겨져 나감 즉 해체되어야 그 뜻이 드러난다. 마찬가지로 몸의 수행적 해체를 통해서도 진리가 드러난다. 다석은 "몬(物)이란 허믈[허물]을 벗겨 나가는 데서 무슨 큰 뜻"이 나타나며, 이를 참이고 삶이라 주장한다(류영모, 1990a: 176). 다석은 우리 몸과 언어를 물질로 이해했고, 몸과 언어라는 '물질' 곧 '몬'을 깨고 깨서 벗겨 나가는 파자와 파신의 과정을 통해 진리에 이를 수 있다고 보았다.

특히 다석은 언어를 진리의 깨달음 곧 신과의 계시적 만남을 매개하는 '물질'로 이해했다. 이 '물질'은 해석학적 관점에서 상징으로 작용한다. "상징은 자신 외의 다른 어떤 것을 현존하고 알려지도록 하는 것"(헤이트, 2019: 221)이다. 언어 역시 실재를 가리키는 상징이자 '물질'이다. 이 언어를 매개로 그것이 가리키는 실재가 우리에게 의미와 힘을 지닌 진리로 현전하고, '물질적으로' 말숨의 생명과 힘의 형태로 전환된다. 하지만 상징 자체가 실재는 아니다. 상징이 실재를 매개하려면 역설적으로 자신이 가리키는 것에 의해 부정되고 사라져야 한다. 그렇게 상징이 자신을 부정함으로 사라지는 매개가 될 때, 더 투명하게 자신이 가리키는 실재를 끊임없이 현전시킨다. 요컨대 "신화는 그 문자적 의미가 '깨어짐'으로써 전달되고, 상징은 역설적으로 투명해짐으로써 매개"(Haight, 2001: 157; 헤이트, 2019: 264)하는 것이다. 특히 종교 언어는 자신이 가리키는 것에 의해 부정되고 사라질수록 더 투명하게 절대적이고 무한한 궁극적 실재의 현전을 불러오고, 수행적으로는 신과의 합일을 가져옴으로써 생명과 힘을 전달한다.

다석의 말숨 개념은 진리를 이해하기 위해 진리를 매개하는 '물질'인 언어를 깨고 나가는 상징 해체라는 해석적 과정을 함의한다. '물질'이라 할 상징을 해석학적 과정을 통해 벗겨 나갈 때 '큰 뜻'이 밝혀지듯, 상징이라 할 언어와 몸을 해석학적이고 수행적으로 해체하면서 생각으로 나아가고, 그 생각을 통해 결국 진리의 의미와 힘이 도달하는 것이다. 이렇게 될 때 상징은 '생각'을 통해 깨어지지만 진리는 말숨의 형태로 의식에 매개되고, 이는 다시 인간의 존재론적 변화로 이어진다.

수믄 님: '밤'의 신비 속에 드러나는 진리

다석은 ≪중용(中庸)≫ 12장에 나오는 공자의 말인 "君子之道費而隱(군자지도비이은)"을 번역하면서 성령이 스스로를 은폐한다는 뜻에서 성령을 숨님이면서 "수믄 님"(류영모, 1990a: 451)이라고 표현한다. 이는 숨님으로서 성령의 활동이 마치 인간의 모든 보편적 활동에 쓰이는 호흡처럼 은밀하게 숨겨져 있다는 것을 뜻한다. 숨님은 보편적 생명 활동으로 은폐되어 있는, 숨어 있는 성령 곧 수믄 님이다. 그렇다면 은폐된 진리의 성령은 어떻게 드러나는가?

다석은 1957년 10월 20일 수믄 님에 대한 기록 바로 뒤에 쓴 글에서 성령의 현존이란 '밝음'이 아닌 '어둠' 속에서 드러난다고 말한다. "밤은 오히려 바랄 수 잇는(있는) 땝니다. 하늘글월(天文)은 밤에 바라 볼 수 잇고(있고), 한늘(宇宙) 소식을 짐작ᄒᆞ게(짐작하게) 됩니다.”(류영모, 1990a: 452) 은유적 의미에서 수믄 님으로서 성령이 현존하는 때는 인식 활동이 세계를 조명하는 ‘낮’이 아니라 모든 인식 활동이 정지하고 이 세계가 무로 경험되는 ‘밤’이라 할 수 있다.

다석의 수믄 님의 성령론에서 우리가 발견할 수 있는 해석학적 방법은 인간의 감각과 인식이 만들어 낸 “허상을 비추는 빛을 끔으로써 비진리를 소거해 진리를 드러내고, 이로써 신비에 도달하는 부정신학적 신비주의 방법론”(안규식, 2024: 370)이다. 한 예로, 다석의 “基督子(기독자)”라는 시는 ‘밤’으로 들어갈 때 드러나는 진리의 현전이 지닌 특징들을 잘 보여 준다. “基督子”에 포함된 구절들은 다음과 같다. “祈禱陪敦元氣息(기도배돈원기식), 讚美伴奏健脈搏(찬미반주건맥박), 嘗義極致日正食(상의극치일정식), 禘誠克明夜歸託(체성극명야귀탁).”(류영모, 1990a: 293) 다석은 이 시를 통해 “그리스도인의 기도, 찬미, 성찬, 신비주의(신탁)를 숨으로 드리는 기도, 수신과 수행으로 주어지는 생명력이 약동하는 맥박의 찬미, 그리스도의 희생적 의미와 수행적 의미의 성찬으로서 식사 그리고 체성(禘誠)을 통한 부정신학적 신비주의(Mysterium)”(안규식, 2024: 372)

의 해석학을 제시한다.

이 시의 내용을 종합해 보면 스스로를 감추는 진리의 은폐는 역설적으로 진리의 탈은폐로 향하는 길을 연다. 진리는 자신을 감춤으로써 오히려 자신의 현전을 더욱 분명하게 한다. 이러한 맥락에서 수믄 님을 중심으로 한 다석의 해석학적 방법론은 우리가 언어와 인식의 가능성에 갇혀 알 수 없던 것을 오히려 언어와 인식의 불가능성을 통해 '알 수 있도록' 하는 새로운 앎과 해석의 방식을 보여 준다. 이 해석의 방식은 숨과 맥박 그리고 기를 통한 몸의 수행, 일상적 삶의 성례전(聖禮典)화, 자신의 본성을 갈고닦음으로써 주어지는 '밤'의 계시적 요소들을 포함한다. 무엇보다 부정신학적이고 신비주의적인 수믄 님의 해석학은 사귐의 진리 곧 하나와의 '쪼갤 수 없는' 합일(合一)의 신비를 통한 진리의 현전을 추구한다. 다석은 자신을 신비주의자로 규정하며 다음과 같이 말한다. "이 사람은 신비주의를 주장합니다. 절대자 하느님을 알고 싶을 때 이미 성령(말씀)으로 하느님과 사귄다는 것을 말합니다. 아버지와 아들 같이 쪼갤 수 없는 사이로 연락하는 것입니다. 이것이 성령으로 됩니다. 이와 같이 하여 삼위일체(三位一體)로 나갑니다."(류영모, 2017: 370)

생명과 친교의 숨

다석은 진리의 해석을 숨과 연관 지으며 우리에게 생명과 친교를 향한 해석의 방식을 제시한다. 여기서 중요한 것은 해석의 내용이 아니라 해석의 방식이다. 해석의 방식이 해석의 내용을 결정한다. 다석이 추구한 해석의 방식은 우리에게 진리의 새로운 차원들을 발견할 가능성을 제시하며, 진리의 현전이 우리 존재를 변화시키고 인식 대상을 존재론적으로 완성시키는 생명과 친교로 나아가도록 안내한다.

대상화와 도구화만 추구하는 인간 앎의 방식이 신-인간-우주의 유기적 관계를 파괴하고 분리와 분열 그리고 혐오와 배제라는 사회적 퇴행을 야기하는 현실 속에서 우리는 앎이 대상과 관계 맺는 방식, 앎의 궁극적 목표, 앎을 추구하는 주체의 모습에 대해 끊임없이 묻는다. 다석의 숨 해석학은 진리의 성령이라 할 말숨이 우리의 앎과 해석의 과정을 거쳐 이 세계 안에 생명과 친교를 현실화하는 하나의 가능성을 보여 준다.

생명과 친교는 우리의 앎이 존재론적 관계에 기초해야 하고 이를 지향해야 함을 알려 준다. 도구적 이성이 과잉된 오늘날, 우리는 비용과 효율의 가치만으로 우리 주변의 사람과 사물을 인식하고 판단하며, 생산적 가치만으로는 그 진가를 보여 줄 수 없으나 우리 삶의 중요한 부분을 차지하고 있는 정서, 환경, 예술과 같은 영역들은 쓸모없는 것으로 여긴다. 인간 실존이 경험하는 소외와 불안, 비인간화와 정신적 파괴의 주된 요인이 여기에 있다. 다석의 숨 성령론적 해석학은 우리의 앎이 효용과 이익에 경도되어서는 안 되며, 오히려 존재론적 관계에 기초한 생명과 친교를 지향해야 한다는 것을 이야기한다. 우리 시대의 분리와 분열을 치유하고 변화된 새로운 세계를 상상할 수 있는 능력은 생명과 친교를 지향하는 숨의 해석적 방법에 있다.

참고문헌

류영모(1990a). ≪多夕日誌 1≫. 홍익재.

류영모(1990b). ≪多夕日誌 2≫. 홍익재.

류영모(1990c). ≪多夕日誌 4≫. 홍익재.

류영모(2017). ≪다석 강의≫. 교양인.

안규식(2024). ≪비움과 숨: 한국적 영성을 위한 다석 류영모 신학 연구≫. 동연.

최한기 지음, 손병욱 역주(2016). ≪기학: 19세기 한 조선인의 우주론≫. 통나무.

Haight, R.(2001). *Dynamics of theology.* Orbis Books. 전현식·안규식 옮김(2019). ≪신학의 역동성≫. 대한기독교서회.

06

정음

다석 류영모는 우리말로 궁극적 실재와 세계를 독창적으로 사유했다. 우리말과 우리글을 사유의 주제로 삼아 사상을 형성하고 표현하며 전개한 철학자인 다석은 한글을 단순히 민족의 언어로 보지 않고 한국인의 역사 속에서 계시된 '복음'이자 하늘의 바른 소리인 정음으로 이해했다. 다석은 한글의 구성 원리를 깊이 공부하고 또 한글로 자신의 사유를 독창적으로 구성했다.

훈민정음, 씨알 가르칠 바른 소리

다석 류영모는 우리말과 우리글을 매우 중요하게 생각했다. 다석은 깊은 '생각'을 통해 길어 올린 사유의 단편들을 "일기에 쓰는 것이 나의 기도"라 말하기도 했는데, 그렇게 일기에 기록한 글들 중 우리말 시조만 해도 1700수 정도가 된다.

다석은 우리말의 명칭으로 주시경(周時經, 1876~1914)이 지은 '한글'이라는 명칭보다 세종이 "씨알 가르칠(訓民) 바른 소리(正音)"라 해서 지은 '훈민정음(訓民正音)'이라는 명칭을 더 선호했다. 다석이 보기에 한글이 지닌 가장 중요한 함의는 그것이 씨알 곧 민중을 위한 말과 글이라는 사실에 있다. 다석은 훈민정음 곧 한글이란 "우리 속 솟는 씨알 글씨"로 민중이 이를 잘 배우고 익혀 하느님의 뜻을 헤아리도록 고안된 말과 글이라 보았다(박영호, 2012: 480-483).

다석은 훈민정음을 '정음(正音)'으로 줄여 부르기도 했는데, 정음은 "ᄇᆞ른소리-올흔소리(바른 소리-옳은 소리)"로 "우리 씨ᄋᆞᆯ이 터닌소리(우리 씨알이 터 낸 소리)"며 그 소리야말로 참되며 아름답다고 보았다(류영모, 1990: 778). 또한 다석은 1971년 3월 3일에 쓴 "정음설교(正音說敎)"라는 시에서 "우리나라 한글이 하나님의 뜻을 계시(啓示)하는 복음이요, … 한글을 가르치는 것이 진리(眞理)를 가르치는 설교(說敎)가 된다"(김흥호, 2001: 402)고 말한다.

이처럼 다석에게 한글은 단순히 한국인의 말과 글이 아니었다. 한글은 하늘의 바른 소리이자 옳은 소리로서 무엇보다 민중 안에서 나오는 소리이며 민중의 삶을 통해 빚어져 나오는 씨알의 소리다. 따라서 정음은 씨알 언어 곧 민중의 언어이면서 하늘 언어다. 하늘의 뜻인 올바름은 민중의 소리를 담고 있는 민중의 말과 글인 정음으로 드러나기에, 민중의 말과 글인 한글에 귀를 기울여야 하는 것이다.

한글의 구성 원리와 다석의 한글 연구

≪훈민정음해례(訓民正音解例)≫는 그 서문에서 다음과 같이 밝힌다. "天地自然(천지자연)의 소리가 있으면 반드시 天地自然의 文彩(문채)가 있으니 그러므로 옛사람이 소리로 因(인)하여 文字(문자)를 만들어서 그것으로 萬物(만물)의 뜻을 通(통)하고 그것으로 三才(삼재)의 理致(이치)를 실었다."(이정호, 2017: 11) 한글은 그 소리를 문자로 만들어 만물의 뜻을 통용하려는 것이며, '삼재의 이치'를 담

고 있는 것이다. 여기서 삼재란 하늘과 땅과 사람 곧 천지인(天地人)을 뜻한다. 한글을 구성하는 원리는 한국 문화의 시원 사상이자 한국 문화의 구성 원리라 할 "삼재론 중심의 음양오행론"(우실하, 1998: 310)이다. 음양오행론에 따르면 하늘과 땅 그리고 그 사이에 존재하는 모든 것은 음양오행(陰陽五行)의 영향 아래 있다. 따라서 사람의 목소리 역시 음양오행의 이치에 속하고, 한글 역시 오행으로 구성된다. 또한 천지인 삼재론은 영의 세계라 할 '하늘'과 이 세계를 나타내는 '땅' 그리고 이 둘을 잇는 '인간'을 유기적으로 연결해 이 세계를 인식하는 해석학적 틀이도 하다.

한글은 이 삼재론 중심의 음양오행론을 기초로 만들어졌다. 한글은 오행에 근거한 소리 자음 열일곱 자와 천지인 삼재론에 근거한 가운뎃소리 모음 열한 자를 합쳐 총 스물여덟 자로 구성되었다. 가운뎃소리의 기본음은 ·, ㅡ, ㅣ인데, '·'(하늘 아)는 하늘, 'ㅡ'(으)는 땅, 'ㅣ'(이)는 사람을 가리킨다. 아울러 글자의 음은 음양오행의 원리에 의해 구성된 첫소리 자음(초성, '하늘'에 해당)과 천지인 삼재론에 의해 구성된 가운뎃소리 모음(중성, '사람'에 해당) 그리고 끝소리(종성, '땅'에 해당)가 합쳐져 이루어진다. 즉 글자의 음은 이처럼 천지인의 조화와 협력을 그 원리로 해서 이루어진다(박재순, 2013: 187).

다석은 이러한 한글의 구조 원리를 적극적으로 수용하고 연구했다. 1960년대에 다석은 인류 문명의 전환과 그 세계관을 제시하는 정역(正易)의 대가인 학산 이정호(鶴山 李正浩, 1913～2004)와 학문적으로 교류한다. 이정호는 정역을 바탕으로 훈민정음의 역학적 원리를 밝힌 ≪訓民正音의 構造原理: 그 易學的 硏究(훈민정음의 구조원리: 그 역학적 연구)≫를 집필한 바 있다. 다석은 한글에 대한 학문적 연구를 바탕으로 다양한 우리말을 찾아내거나 자신만의 뜻을 가진 글자로 만들어 내었다. 몇 가지 예로는 맨참(순수), 글월(文章), 알맞이(철학), 빈탕(허공), 그이(군자), 바탈(天性), 고디(정조), 씨알(民), 김(氣), 잘몬(萬物), 한늘(우주), 씻어난이(聖人), 모름지기(모름은 꼭 지키는) 등이 있다. 더 나아가 다석은 동양 종교 경전을 우리말로 옮겼는데, 1959년에는 ≪노자≫를, 1968년에는 ≪중용≫을 완역했고, 그 외에도 ≪장자≫, ≪논어≫, ≪맹자≫, ≪주역≫, ≪서경≫ 등을 우리말로 옮겼다(박영호, 2012: 487-497).

우리말로 표현된 신, 한님과 한얼

다석이 한글에 주목했던 것은 한글이 오랜 역사 속에 이어져 내려온 한국인의 생활 언어이면서 음양오행과 천지인 삼재론 같은 형이상학적이고 우주론적인 원리들을 음성과 문자로 구체화하기 때문이었다. 다석은 자신의 신앙적이고 형이상학적인 사유를 표현할 우리말 개념어들을 만들기도 했다. 그중 뚜렷한 예를 하나 들자면, 한국 전통 사상인 'ᄒᆞᆫ(한)' 사상을 통해 설명되는 신 명칭들이 있다. 개념적 측면에서 '한'이란 시공간과 질량의 차원에서 공간적으로는 넓다는 것과 한가운데를 의미하고, 시간적으로는 시간 전체 혹은 특정한 시간의 지점을, 질량적으로는 하나를 의미하면서 동시에 많음을 의미한다(김상일, 2014: 37-38).

다석은 이 '한'으로 한국인의 궁극적 실재와의 만남과 경험을 반영하는 독특한 신 명칭을 제시했는데, 그중 하나가 '한늘'이다. 다석은 1957년 9월 6일 강의에서 신을 '한늘'이라 설명한다. "큰 늘, '한 늘'입니다.… 한량없는 '한'입니다. 한량없는 시간이 '늘'입니다."(류영모, 2017: 962) '한늘'은 커다람 그리고 전체라는 의미의 '한'과 무한한 시간을 뜻하는 '늘'이 결합된 단어로, 절대적 시공간 차원에서 존재하는 신을 뜻한다. '한늘'은 "무한 공간과 무한 시간 속에서 생성 소멸 변화하는 그 모든 것을 다 포함한 절대 존재로서 하느님"을 말한다(이기상, 2008: 280).

이와 동시에 다석은 무한한 시간뿐 아니라 현재의 초월적 만남을 '오늘'이라는 우리말로 표현한다. 다석이 말하는 '오늘'에는 '영원한 현재'라는 의미가 담겨 있다. 다석은 인간이 인간 내면에서 탄생하는 얼 생명인 참나의 탄생 곧 '독생자'와의 만남을 '오'르고 오르는 감탄의 경험으로('오'), 또 이를 '영원'과의 만남으로('늘') 향유한다고 보아 이를 '오오늘늘'이라 표현했다. "ᄋᆞᄇᆞ ᄂᆞ신 ᄋᆞᄃᆞᆯ 우러르어 뵈면 빛월이옵(아버지가 낳으신 아들 우러러뵈면 빛월이오). 우리가 인제 브터는 오오늘늘 늘느리[우리가 이제부터는 '오오늘늘 늘느리(오! 오늘이 늘 그러한 영원이며, 늘 그러한 영원을 누리리)']."(류영모, 1990: 727) 마찬가지로 다석이 순우리말로 된 신 명칭으로 사용한 '한님'은 인간 안에서 경험되는 궁극적 실재와의 만남을 영원한 현재의 차원으로 설명하는 용어다(안규식, 2024: 208).

순우리말로 한국인의 종교적 심성을 담아낸 신 명칭의 또 다른 예는 '한얼'(혹은 한얼)이다. 커다람과 절대성의 뜻을 가진 '한'이라는 용어와 정신적 생명을 뜻하는 '얼'이라는 용어를 조합한 '한얼'은 "무한 공간과 무한 시간을 채우고 있는 신령한 힘"(이기상, 2008: 282)을 의미한다. 특히 다석에게 '한얼'의 본질은 절대정신이다. 다석은 이렇게 말했다. "'한얼'은 큰 정신이라는 뜻으로, 여기서는 성령을 말합니다.”(류영모, 2017: 99) 다석은 이 절대정신이야말로 인간이 자신의 유한성을 극복하고 나오는 얼 생명이라 보았다. 결국 “‘한얼’은 모든 생명의 근원인 절대생명으로 경험되는 ‘큰 정신’ 곧 절대정신이라 말할 수 있다. 요컨대 절대생명은 곧 절대정신이다”(안규식, 2024: 210).

‘우리의 경험과 우리의 말과 글로’

다석이 한국 전통 사상인 ‘한’ 사상과 ‘늘’과 ‘얼’이라는 용어를 조합해 만든 신 명칭인 ‘한늘’과 ‘한얼’은 한국인이 궁극적 실재를 어떻게 만나 왔고 경험해 왔는지를 보여 준다. 우리말과 우리글로 우리의 경험과 사유를 표현하자는 주장은 시대착오적인 국수주의적 주장처럼 들릴 수 있다. 하지만 한 나라의 언어는 오랜 시간 그 나라에서 살았던 사람들의 경험과 사유의 총체라 할 삶이 담겨 있는 생활 언어다. 따라서 생활 언어를 파고들면 그 언어를 사용한 사람들의 정신과 삶의 방식들 그리고 경험들이 드러난다. 다석은 한국인의 생활 언어인 한글에 긴 역사 속에서 씨알인 민중을 가르쳐 왔던 궁극적 실재라 할 신의 ‘바른 소리’가 담겨 있다고 믿었다. 다석에게는 정음이 곧 복음(福音)이었다.

참고문헌

김상일(2014). ≪오래된 미래의 혼≫. 상생출판.

김흥호(2001). ≪다석일지 공부 6≫. 솔출판사.

류영모(1990). ≪多夕日誌 2≫. 홍익재.

류영모(2017). ≪다석 강의≫. 교양인.

박영호(2012). ≪다석 전기: 류영모와 그의 시대≫. 교양인.

박재순(2013). ≪다석 유영모의 철학과 사상≫. 한울.

안규식(2024). ≪비움과 숨: 한국적 영성을 위한 다석 류영모 신학 연구≫. 동연.

우실하(1998). ≪전통 문화의 구성 원리≫. 소나무.

이기상(2008). ≪다석과 함께 여는 우리말 철학≫. 지식산업사.

이정호(2017). ≪訓民正音의 構造原理: 그 易學的 硏究≫. 아세아문화사.

07
씨올

다석 류영모는 정치적 주체를 씨알이라는 용어로 설명했다. 다석은 민을 씨알이라고 불렀다. 씨알은 단순히 주권 개념만으로 설명되지 않는다. 씨알은 신적 생명의 차원을 지닌 역사의 변혁적 존재다. 다석은 씨알이라는 정치적 주체가 추구해야 하는 바를 전체 생명으로 보았고, 씨알 안에 자기를 극복하는 얼 생명의 자기-초월적 능력이 주어져 있다고 보았다.

'씨알을 위함이 하느님 위함이다'

평생 정치적 폭력과 투쟁하며 살아온 생명과 평화의 사상가이자 언론인이었던 함석헌은 1970년 4월, ≪씨ᄋᆞᆯ의 소리≫ 창간호에서 씨알이라는 용어의 시작에 대해 이렇게 말했다.

> '씨ᄋᆞᆯ'이란 말은 '씨'라는 말과 'ᄋᆞᆯ'이라는 말을 한데 붙인 것입니다.… 어쨌건 종자라는 말인데 여기서는 그것을 빌려서 민(民)의 뜻으로 쓴 것입니다.… 그래서 그 민이란 말을 우리말로 씨ᄋᆞᆯ이라 하면 어떠냐 하는 말입니다. 이것은 사실 내가 생각해 낸 것이 아니고 류영모 선생님이 먼저 하신 것입니다.(함석헌, 2017: 599)

이어서 함석헌은 씨알이라는 용어를 다석 류영모가 어떻게 풀어냈는지 밝힌다. 민을 뜻하는 씨알은 다석이 ≪대학≫의 '大學之道 在明明德 在親民 在止於至善(대학지도 재명명덕 재친민 재지어지선)'을 풀이한 데서 비롯한다. 함석헌의 표현을 빌리면, 다석은 "한배움 길은 밝은 속알 밝힘에 있고 씨ᄋᆞᆯ 어뵘에 있으며(큰 배움의 길은 밝은 속알을 밝힘에 있고 씨알을 어버이 뵙듯 함에 있으며)"라는 설명과 함께 민을 씨알이라 표현한다. 함석헌은 다석의 씨알이라는 표현에 깊은 감명을 받고 10년 이상 이 용어를 사용했다고 밝혔다(함석헌, 2017: 599-600).

다석은 1956년 12월 YMCA 연경반 강의에서 ≪대학≫에 나오는 '親民(친민)'을 "씨올 어뵘(씨알을 어버이 뵙듯함)"으로 풀이한다. 당시 백성으로 불리던 민을 씨알이라는 용어로 바꾸어 표현하면서, 기존처럼 민을 통치자가 돌보아 주거나 가르쳐야 할 백성으로 보지 않고 국가를 다스리는 주체이자 국가 권력이 섬겨야 할 '어버이'로 보아야 한다고 말했던 것이다. 민에 대한 다석의 이해는 민을 계몽의 대상으로 이해한 서구의 민중관과도 다르고 민을 돌봄의 대상으로 본 유교의 민중관과도 달랐다(박재순, 2013: 94).

씨알을 어버이 뵙듯 해야 한다는 다석의 생각은 민을 나라의 주체로서뿐 아니라 신적 통치의 대리자로서 이해하는 데까지 나아간다. 다석은 "씨알(民)을 위함이 하느님 위함이다"라고 말하며, 백성을 섬기듯 하느님을 섬겨야 할 뿐 아니라 하느님을 섬기듯 백성을 섬겨야 한다고 했다. 더 나아가 다석은 씨알의 통치는 필연적이라고 했다. "씨알(民)이 나라의 임자(主)가 된 것은 천의(天意)요 천도(天道)"이기에, 정치의 모든 활동이 민을 위하고 민에 의해 이루어지는 것이 자연스러운 것이라 보았다(류영모, 2002: 384).

생명의 정치적 주체인 씨알

다석에 따르면 정치의 본질은 생명에 있다. 다석은 정치의 이상에 대해 다음과 같이 말했다. "늙은이가 짐을 안 지고, 스스로 죽는 자살자가 없는 나라가 공맹(孔孟)의 이상(理想)이었어요. 어떤 의미에서 정치란 간단한 거예요. 어쨌든 씨알 섬기려고만 생각하고 나가면 돼요.… 한마디로 하면 생명인데…."(류영모, 2015: 126)

정치의 본질을 생명으로 이해한 다석의 입장에서 생명을 완성하는 정치를 구현할 주체이자 대상은 씨알이다. 씨알은 유형적이고 무형적인 변화의 가능성을 지니고 있다. 즉 "씨알은 모든 변화를 안고 있어서 거기에서부터 변화가 전개되어 나오는 모든 시작의 발원처"이자 "모든 형태의 변화를 가능케 하는 정신(힘)을 품고 있는 것"이다(이기상, 2008: 201). 이를 종합하면 다석에게 씨알은 신적 생명을 지니고 생명 완성의 역사를 이룰 가능성과 힘을 지닌 정치적 주체였다. 씨알을 더욱 구체적으로 살펴보면 다음과 같다.

첫째, 씨알은 신적 생명을 품고 있다. 다석이 보기에 씨알은 씨앗처럼 그 안에 새로운 차원의 존재를 현실화할 생명을 지니고 있는 존재다. 씨알이 지닌 생명은 세 가지 차원에서 설명될 수 있는데, 그것은 "자연 생명, 인간 생명, 신적 생명"(박재순, 2013: 95)이다. 이 세 가지 차원의 생명이 교차하거나 소통하는 지점이 바로 씨알이다. 또한 다석은 신적 생명과 우주적 생명이 교차하는 지점을 인간으로 보았다. 인간 안에서 하늘과 땅이 만나고 소통하며 합일하는 이상을 추구하는 한국 전통 문화의 구성 원리인 천지인 삼재론에서는 자연적 생명과 신적 생명이 발현되는, 인간의 통전적 생명이 강조된다. 이처럼 다석은 신-자연-인간의 생명이 서로 분리되어 있지 않고 신적 생명이라는 커다란 차원에서 상호 연관되고 소통함으로써 합일한다고 이해했다. 이러한 신적 생명을 씨앗처럼 품고 있는 존재가 곧 씨알이다.

다석은 인간 생명을 신적 생명과 연관시킨다. 다석은 인간이 "하느님의 씨(얼)인 속알"(류영모, 2015: 259) 곧 덕(德)을 지니고 있으며, 이 속알을 밝혀야 한다고 말한다. 다석은 이러한 인간 생명의 통전적 완성을 위해 몸과 마음과 뜻을 '꽉 붙잡는다'(操)는 의미에서 각각 체조(體操), 정조(情操), 지조(志操)를 설명하고, 이를 우리말로 '몸성히, 맘놓이, 뜻태우'라는 용어로 재표현했다. '몸성히'는 몸에서 시작하는 생명 완성 방식이고, '맘놓이'는 감정적이고 예술적인 차원의 생명 완성 방식이며, '뜻태우'는 이상(理想)

과 신앙의 차원에서 설명되는 생명 완성의 방식이다(류영모, 1990b: 410). 이처럼 다석은 씨알이 정치적 주체로서 서기 위해 스스로의 생명을 완성할 것을 요청한다. "먼저 속알이 밝혀져야 살림이 잘됩니다. 속알이 밝혀져야 다스림이 잘되지요. 속알이 근본이에요."(류영모, 2015: 260) 정치적 주체로서 씨알은 생명 살림의 정치를 위해 가장 먼저 자기 얼 생명의 발원처인 속알을 밝혀야 할 책임이 있다. 다석은 모든 다스림의 출발점이 속알이라 보았다.

둘째, 씨알은 역사의 주체로서 고난을 통해 생명을 완성한다. 다석은 구약성서의 "이사야" 53장을 풀이하면서 씨알 곧 민중을 이 세계의 고난을 짊어지고 가는 '하느님의 종'으로 묘사한다. "이름 없고 무식한 동포, 가난한 동포, 밥 못 먹고 고생하는 동포, 그 가운데 하느님의 종이 많은 것입니다.… 못나서가 아닙니다. 우리의 어려움과 가난함과 괴로움을 대신 짊어진 것입니다."(류영모, 2017: 580) "이사야" 53장의 맥락에서 볼 때 다석이 말한 '하느님의 종'은 타자의 고난을 대신 짊어짐으로써 하느님의 구원을 역사 속에서 이루는 메시아다. 다석은 그 구원을 생명원성(生命願誠) 곧 생명을 원하고 완성하는 것이라 보았다. 다석은 "예수가 오셔서 우리가 본(얇) 그리스도는 생명원성으로 보인 것이다"(류영모, 1990a: 25)라고 말했다. 마찬가지로 다석은 씨알 곧 민중이 구원을 이루는 역사의 주체가 될 수 있는 것은 민중이 대신 고난을 짊어짐으로써 생명을 완성하기 때문이라 생각했다. 예수가 죄를 짊어지고 십자가 고난으로 우주적 구원을 이룬 구원의 주체라면, 다석에게 민중은 타자의 고난을 대신 짊어짐으로써 역사적 구원인 전체 생명 완성을 이루는 구원의 주체다.

타자의 고난을 대신 짊어진다는 것은 타자와 연대한다는 것을 뜻한다. 그것은 타자의 고난을 나의 고난으로 받아들이고 그에 동참함으로써 전체인 '하나'를 이루는 하나됨이다. 이러한 의미에서 고난은 나와 타자가 하나가 되어 연대하는 자리가 된다. 높은 곳에서 낮은 곳에 처한 이를 끌어올리는 것이 구원이 지닌 힘이라면, 높은 이가 자기 자리를 버리고 낮은 곳으로 향하는 것은 구원이 띠는 아름다움이다. 따라서 구원의 아름다움이 드러나는 자리는 고난이다.

다석의 씨알 사상을 통해 우리는 한국적 영성이 무엇인지 이해할 수 있다. 한국인의 역사 속에서 드러난 한국적 영성은 "이 세상에서 고난당하는 씨알 민중과 '하나'가 되는 것이었고, 가난하고 약한 자들이 모여 역사를 창조하는 생명과 정의와 평화를 위한 연대와 고난으로의 수행적 참여였다"(안규식, 2024: 17).

4.19혁명이 일어나기 몇 달 전인 1959년 11월 20일, 다석은 강의에서 자신의 일지에 적은 "씨알님니려고 가치 살려고 들면(씨알님 머리에 이고 같이 살려고 한다면)"(류영모, 1990a: 643)이라는 구절을 풀이하며 "다 같이 잘 산다는 대동의식 평등사상(大同意識 平等思想)"을 제시한다. 다석은 주권자인 씨알을 섬기는 정치가 지향하는 '다 같이 잘사는 사회'를 위한 중요 조건으로 어떤 주의(主義)나 배타가 없어야 한다는 점을 꼽았다(류영모, 2015: 25). 다석은 어떤 사상이나 가치를 절대화할 때 나타나는 분열과 대립을 염두에 두었다. 다 같이 잘사는 사회에 가장 큰 걸림돌은 각자가 자기 이익과 신념을 절대화하면서 비롯하는 분리와 분열에 있다. 분리와 분열은 전체 생명의 발현을 저지하는 죽음의 정치가 띠는 한 양태다.

4·19혁명이 일어난 후인 1960년 7월 1일, 다석은 강의 중 올바른 정치 구현이 무엇인지 설명하기 위해 '씨알 저울'이라는 용어를 사용해 이렇게 말한다. "씨알 저울은 민권(民權)입니다. 민주(民主)입니다.··· 저울이란 전체 생명의 무게를 다는 게 그 목적입니다."(류영모, 2015: 52) 씨알의 권리와 씨알의 정치적 주체됨 곧 올바른 정치의 근원적

기준은 바로 전체 생명에 있다는 것이다. 이처럼 다석은 씨알이라는 용어를 통해 올바른 정치의 중요 기준으로 전체 생명을 제시한다.

전체 생명을 위한 정치의 가능성이 어떻게 구현될 수 있는지 질문이 제기될 수 있다. 다석은 이미 씨알이라는 개념에 담긴 신적 생명 곧 영성의 측면으로 그 가능성을 제시했다. 씨알은 얼 생명을 완성하기 위한 변화의 신적 능력을 지니고 있다. 그 능력은 자기-부정을 통한 얼 생명의 발현과 타자의 고난에 연대함을 가능하게 하는데, 이는 한국적 영성에서 잘 드러난다. 한국적 영성이란 자신의 한계 곧 자기 욕망, 자기 안전, 자기 신념의 한계를 극복하는 자기-초월과, 자신과 세계가 전체 생명 안에서 '하나'라는 깨달음의 사건 그리고 타자와 연대하는 실천이다. 다석이 생각한 씨알의 정치학은 바로 이 자기-초월의 영성에 기초하고 있다.

참고문헌

류영모(1990a). ≪多夕日誌 1≫. 홍익재.

류영모(1990b). ≪多夕日誌 4≫. 홍익재.

류영모(2017). ≪다석 강의≫. 교양인.

류영모 지음, 박영호 엮음(2002). ≪多夕 柳永模 어록≫. 두레.

류영모 지음, 주규식 기록, 박영호 풀이(2015). ≪다석 씨알 강의≫. 교양인.

박재순(2013). ≪다석 유영모의 철학과 사상≫. 한울.

안규식(2024). ≪비움과 숨: 한국적 영성을 위한 다석 류영모 신학 연구≫. 동연.

이기상(2008). ≪다석과 함께 여는 우리말 철학≫. 지식산업사.

함석헌 지음, 함석헌선집편집위원회 엮음(2017). ≪씨올의 소리: 함석헌 선집 1≫. 한길사.

08
빈탕

다석 류영모는 동양적 사유와 개념을 통해 궁극적 실재를 다양하게 표현했다. 다석은 없이 계신 님, 무, 공, 빈탕한데, 무극, 태극, '하나' 등의 신 명칭을 통해 자신이 만나고 사유한 궁극적 실재를 표현했다. 이런 신 명칭들의 공통분모는 텅 빔 곧 공이다. 다석은 이를 빈탕이라 불렀다. 다석은 빈탕 한가운데서 자유와 기쁨을 향유했다.

절대공을 사랑하다

다석은 '비교할 수 없는 커다란 빔' 곧 절대공(絶大空)을 사랑한다고 말했다. "그 맘이 첨모절대공(瞻慕絶大空)입니다. 절대공이란 비교할 데 없는 큰 공입니다. 아주 빈 것을 사모합니다."(류영모, 2017: 465) 다석은 모든 존재자의 바탕이자 근거이며 모든 것이 나오고 되돌아갈 존재 자체를 허공으로 보았다. 우리가 감각기관으로 파악해 '존재한다'고 믿는 것들은 사실 존재가 아니다. 오직 유일하게 존재하는 것이 있다면 그것은 '하나'의 허공 곧 '단일허공'이다. 다석은 "단일허공을 확실히 느끼는 데 하느님의 마음이 있다면 하느님의 마음이 허공으로 느껴진다"(류영모, 2002: 213)고 말했다.

다석은 공을 설명할 때 단순히 공으로 표현하기보다 절대공 또는 빈탕이라는 용어로 재표현했다. 절대공 또는 빈탕은 불교의 공 개념과 상응한다. 불교에서 공은 이 세계의 모든 것이 서로 연결되고 상호 의존하고 있기에 단독적이고 영향받지 않는 실체라는 것은 없다는 연기(緣起)에 입각한 개념이다. 그런데 절대적인 것 곧 실체중심적 사유를 해체하는 불교의 이 공 개념에 다석은 '절대'라는 수식을 붙였다. 이는 불교의 공과 다석의 절대공 혹은 빈탕이 다르다는 사실을 표현하면서, 이와 동시에 공이 가진 존재론적 특징이 무엇인지 드러낸다.

우선 다석이 생각한 공은 단순히 '비어 있음'이 아니다. 오히려 공은 모든 것을 담고 있는 지극히 커다란 그 무엇이었다. "빔(空)은 아무것도 없다는 것과는 다르다. 태공(太空)이다. 일체가 태공에 담겨 있다. 모든 게 허공에 담겨 있다."(류영모, 2002: 218) 따라서 다석이 말한 절대공은 "모든 것을 포괄하고 초월하는 절대적인 충만함과 커다람에 다름없다."(안규식, 2024: 147-148)

다석이 이처럼 이 세계에 존재하는 모든 것을 포함하는 절대적인 충만함과 커다람으로서 빈탕 곧 절대공을 말한 데에는 이 세계의 보이는 것들만 바랄 뿐 모든 존재자의 바탕이자 근원이 되는 것이 허공임을 잊는 당시 세태에 대한 비판이 담겨 있다. 다석은 우리가 '있음'이라 여기는 것들의 바깥 곧 감각기관으로 파악할 수 없고 인간의 언어로 표현될 수 없는 '있음의 밖'("있밖")이 사실 없지 않은["없않", 공중(空中)] 허공인데, 의외로 그 허공이 사람들에게 없는 것처럼 업신여김("없이녁임")을 받는다고 말한다(류영모, 1990: 146). 다석은 '있음'을 규정하는 사람들의 시야를 차원이 다른 근원적인 존재로 향하도록 하려 했다. 다석의 이러한 형이상학적 기획은 '형이상(形而上)'과 '형이하(形而下)'의 맥락에서 다음 두 가지 차원으로 이해할 수 있다.

하나는 인식론적 차원이다. 다석은 자신의 앎을 앎의 대상인 존재 그 자체와 동일시해 파악하는 인식론적 무지를 비판한다. 인간은 종종 자신이 아는 것이 실제로도 그렇게 존재하리라고 믿는 오류에 빠진다. 인간이 자신의 인식과 존재를 동일시할 때, "우리는 낮은 아랫것만 알지 형이상 꼭대기 것은 알지 못한다"(류영모, 2002: 226).

다른 하나는 도덕적 차원이다. 다석은 인간이 짐승의 성질을 지니고 있어 식욕과 색욕이라는 형이하의 것만을 전부로 알고 찾고 있으나 인간은 얼 생명의 형이상을 찾아야 한다고 주장했다. 다석은 본능에 매여 아래의 것만 찾는 짐승의 성질에서 벗어나 참된 인간 본성이라 할 얼 생명을 받아 위로 올라가야 한다고 말한다. "몸나를 넘어 죄짐을 벗고 정신을 낳는 얼나가 되어야 오를 수 있다. 이것이 형이상학이다. 오르고 또 오르는 것이 사람의 본성이다."(류영모, 2002: 115)

없는 것처럼 여겨지나 모든 것을 포괄하는 전체의 세계, 모든 것의 근원이자 바탕이 되는 커다람의 세계, 이 세계에 대한 집착으로 얼룩진 인간 욕망에서 벗어나는 인간의 존재론적 상승의 변화가 지향하는 도덕적 세계, 바로 이런 차원의 존재로 설명되는 것이 절대공의 세계였고 다석은 이 절대공을 무척 사랑했다.

어떻게 빈탕이 충만이 되는가

다석에게 빈탕 곧 절대공은 단순하게 비어 있는 진공의 상태가 아니다. 오히려 빈탕은 이 세계에 비할 바 없는 충만함이자 이를 끊임없이 넘어서는 커다람이며, 더 나아가 이 세계 모든 것의 바탕이자 근원을 가리키는 존재론적 용어다. 그렇다면 빈탕이 곧 충만이라는 것을 어떻게 설명할 수 있을까? 이는 동북아시아의 기학(氣學)으로 설명해 볼 수 있다.

다석은 1956년 10월 20일에 "終始(종시)"라는 한시를 일기에 적었다. 그 시의 한 구절로 "無始無終元始初(무시무종원시초)"가 있는데, 다석의 제자 박영호의 해석을 빌리면 이는 "비롯 없고 마침도 없는 맨 처음 으뜸님"을 의미한다(박영호, 2022: 103). 여기서 '무시무종'이란 용어의 전거는 조선 중기에 활동했던 기(氣) 일원론자인 화담 서경덕(花潭 徐敬德, 1489~1546)의 ≪태허설(太虛說)≫이다. 서경덕은 기를 시작도 없고 마침도 없다는 뜻에서 '무시무종'

이라 표현한다. 맑고 고요하게 텅 비어 있는 태허는 우주 만물의 기원으로, 사물이 형성되고 변화하는 모든 것은 바로 이 태허인 기가 모이고 흩어져서 드러난 것이라 할 수 있다. 다시 말해 절대공이라 부를 수 있는 태허란 공허함이 아니라 형성되기 이전 만물의 무한한 가능성이자 처음과 끝이 없이 에너지로 꽉 차 있는 무궁한 기라 할 수 있다.

또한 공은 아원자 물리학(subatomic physics)의 양자장(quantum field)과 비교해 설명할 수 있다. 동양적 사유에서는 모든 현상의 근원이 되는 실재란 형태가 없고 어떤 언술로도 포획될 수 없다고 본다. 따라서 이러한 실재는 공으로 일컬어진다. 공은 무한한 창조적 가능성을 지니는 것으로 이해된다. 다양한 형상들을 낳으면서 보존하다가 다시 거두어들이는 공의 이러한 활동은 아원자적 소립자들처럼 "그칠 줄 모르는 운동과 에너지의 율동 속에서 나타났다가 사라지는 동적이고 순간적인 것"으로 파악된다. 마찬가지로 현대 물리학에서 물리적 진공은 아무것도 없는 상태가 아니라 "소립자 세계의 모든 형태를 지닐 가능성"을 띤다. 따라서 "진공은 진실로 생성과 소멸의 끝없는 리듬으로 고동치는 '살아 있는 허(虛)다"(카프라, 2017: 276-290). 이러한 맥락에서 다석에게 무시무종의 태허일기(太虛一氣) 곧 생성도 소멸도 없는 텅 비어 있는 하나의 기는 보이지 않으나 여럿이 될 가능성을 품은 하느님의 '없이-계심'이며, "없이 계신 하나님의 절대공이야말로 이 세계의 헤아릴 수 없는 충만함이 된다"(안규식, 2024: 151).

결국 다석에게는 빈탕의 세계야말로 궁극적 실재의 보이지 않는 창조성과 가능성 그리고 충만함의 세계로 감각될 수 있는 것이다. 그리고 무엇보다 그 충만함의 세계를 가득 채우고 있는 것의 본질은 사랑이다. 빈탕에서 나오고 빈탕으로 돌아가며 빈탕이 둘러싸고 있는 모든 존재는 이 사랑에 기초한다. 다석은 "하늘 만유를 둘러싸고 있는 허공 빈탕한 데가 사랑 아닌가"(김흥호, 2001: 355)라고 우리에게 되묻는다.

빈탕에 이르는 길

다석은 빈탕 개념으로 이 세계를 이해하는 존재론적 사유에 그치지 않고, 이 세계에서 빈탕을 구현하는 수행으로 나아간다. 수행이란 진리에 주체를 일치시키는 것이다. 동양의 지혜가 기의 흐름에 주체를 일치시키길 제안하듯, 다석 역시 빈탕이라는 궁극적 실재의 본질에 주체를 일치시키는 수행을 요청한다.

다석에게 대우주의 궁극적 실재와 소우주의 인간 본성의 본질은 빈탕이었다. 다석은 이 빈탕의 마음이야말로 인간이 다시 회복해야 할 궁극적 지향이라 보았다. 다석에게 빈탕의 마음에 이르는 길은 탐욕(貪), 분노(瞋), 어리석음(痴)의 거짓된 자아라 할 '제나'를 죽이는 것이다. 제나는 이 세계의 존재자들을 절대적인 것이라 착각하는 데서 오는 거짓 자아다. 제나는 실제로는 존재하지 않는 자아이나 존재하는 것처럼 가장하고 인간을 기만한다. 반면 진정한 자아인 참나 혹은 무아(無我)는 텅 빈 마음인데, 이것은 이 세계에 있는 존재자들이 궁극적인 것이 아님을 깨닫는 그 마음이면서 이 존재자들의 바탕이 되는 보이지 않는 빈탕이 곧 궁극적인 것임을 깨닫는 그 마음이다. 즉 무아란 빈탕을 깨달은 마음이다.

다석은 빈탕의 마음에 이르려면 금욕적 수행을 통해 이 세계의 집착에서 벗어나는 초탈과 무념의 경지에 도달해야 한다고 보았다. 빈탕 수행의 목표는 비움의 인간 주체다. 다석은 하느님의 말씀이 비움의 인간 주체를 통해 흘러나온다고 보았다. 이를 다석은 피리와 가락의 관계로 설명했다. 다석은 말했다. "허공이 피리의 본질이요, 가락이 피리의 생명이다. 예수는 마음속에 영원한 생명의 생수가 한없이 솟아 흐른다고 했다."(류영모, 2002: 213)

참고문헌

김흥호(2001). ≪다석일지 공부 4≫. 솔출판사.

류영모(1990). ≪多夕日誌 2≫. 홍익재.

류영모(2017). ≪다석 강의≫. 교양인.

류영모 지음, 박영호 엮음(2002). ≪多夕 柳永模 어록≫. 두레.

박영호(2022). ≪다석 사상의 진수: 다석 류영모 명상록≫. 동연.

안규식(2024). ≪비움과 숨: 한국적 영성을 위한 다석 류영모 신학 연구≫. 동연.

프리초프 카프라 지음, 김용정·이성범 옮김(2017). ≪현대 물리학과 동양사상≫. 범양사.

09

없이 계신 님

다석 류영모는 자신이 만난 궁극적 실재라 할 신을 '없이 계신 님'이라고 불렀다. 그동안 다석 연구자들은 어떤 절대적이고 궁극적인 것을 당연하게 상정하는 서구의 실체론에 경도된 그리스도교 신론에 도전하는 동아시아적 신론의 한 유형으로 다석의 없이 계신 하느님 신론에 주목했다. 자성을 결여한 비실체론적 무와 공의 없이 계신 님에 관한 다석의 사유는 오늘날 이 세계와 신이 맺는 관계에 대한 중요 함의를 지닌다.

'하나님은 없이 계시다'

다석 류영모는 신이 없이 계시다고 말한다. "하느님이 없다면 어떠한가. 하느님은 없이 계시는 분이다. 몬(물질)으로는 없고 얼(성령)과 빔(허공)으로 계시기 때문에 없이 계신다."(류영모, 2002: 56) 다석이 신을 없이 계시다 했을 때, 이는 신이 일반적으로 인간이 생각하는 '인격적' 수준의 신이 아니라 "'있·없(有無)'을 초월한 신격으로 전체인 맨처음"(류영모, 2002: 72)임을 의미했다. 다석은 신의 인격성을 인정했다. 따라서 다석이 생각한 신은 자유를 가지고 인간 그리고 세계와 관계를 맺는다. 하지만 신의 인격성은 사람과 같은, 신인동형론적(anthropomorphical) 의미의 인격이 아니었다. 다석이 말한 없이 계신 하느님은 인간의 인식과 경험으로 파악되는 유(有)의 존재 범주와 인간이 규정한 존재 범주에 들지 않는 무(無) 혹은 비존재의 범주를 모두 포함하는 신격을 의미한다. 그렇다면 없이 계신 하느님의 '없음'과 '있음'은 무엇을 말하는 것일까?

없이 계신 하느님에 대해 여러 해석들이 제기되어 왔다. 예를 들면 "절대적인 시공간의 거룩한 성스러움으로 존재하는 하느님"(이기상), "인간 인식을 초월해 무로서 존재하는 하느님"(윤정현), "≪天符經(천부경)≫ 속 '인중천지일(人中天地一)' 곧 사람 안에 하늘과 땅이 '하나'로서 내재한다는 천지인 삼재사상을 근거로 한 인간에 내재하는 하느님"(이정배), "존재자들의 세계를 포함하는 더 큰 실재로서 '없음'의 하느님"(김흡영)이 있다. 이 해석들은 두 가지 측면에서 보완이 필요하다. 첫째, 이 해석들은 없이 계신 하느님에 관한 다각적 내용들을 제시하지만, 없이 계신 하느님의 '없음'이 무엇인지 그 내용을 구체화해 설명하지 않고 남겨 둔다. 둘째, 한국적 사유에 적합하게 '없음'과 '있음'을 모두 포괄하는 대신 존재론적 위계를 두어 신과 세계의 관계를 위계적으로 분리된 것으로 만든다. 따라서 한국적 사유에 더 적합하게 없이 계신 하느님을 해석할 필요가 있다(안규식, 2024: 117).

하느님의 '없음'

하느님의 없이 계심을 어떻게 설명할 수 있을까? 예로부터 동양의 지적 전통은 이 세계의 근원이면서 동시에 우주적이고 궁극적인 원리와 실재를 진술하기 위해 무, 공, 허와 같은 개념들을 사용했다. 없이 계심에서 '없음'은 이러한 무, 공, 허 같은 개념들과 상응한다. 다석에게는 '없음'이야말로 모든 존재자의 근원과 바탕이자 이들 모두를 포괄하고 넘어서는 전체이며 고갈되지 않는 창조성과 같다. 한 예로 다석은 1959년에 자신의 일지에 남긴 "없이 계신 아ᄇᆞ(잏)(없이 계신 아버지)"라는 시에서 이렇게 표현한다. "있이 없을 없앨 수는 도모지들 없을거니. 부스러진 것으로서 왼통을랑 없앨 수 없. 이저게 없ᄒᆞᆫ ᄋᆞ람은 아니랄 수 없어라('있음'이 '없음'을 도무지 없앨 수는 없다. 부스러진 것들이 전체를 없앨 수도 없다. 이것저것이 모두 없이 계신 큰 '하나' 속에 있음을 아니랄 수 없다)."(류영모, 1990: 607) 이 시의 내용으로 미루어 보아 다석은 '없음'(없)이 '있음'(있)에 의해 가려지거나 사라질 수 없는 절대적인 것이며, 존재자들(부스러진 것)을 포함하며 능가하는 전체(왼통)이자 '하나'(ᄒᆞᆫ ᄋᆞ)라고 보았음을 알 수 있다.

다석은 없이 계신 하느님이라는 표현으로 분명 하느님의 '없음' 곧 무와 공을 강조한다. 그러나 이와 동시에 다석은 하느님의 '있음'을 말한다. 하느님은 없으면서 동시에 '계신다'. 따라서 이 '없음'과 '있음' 사이의 역설적 관계를 규명하는 것이 없이 계신 하느님을 이해하는 기초가 된다.

분명 다석의 '없음' 곧 무와 공은 절대적이고 궁극적이다. 하지만 이 무와 공의 절대성과 궁극성은 인간 인식을 초월하는 불가해성 혹은 모든 존재자를 포괄하는 '더 큰 실재'라고만 이해되어서는 안 된다. 이러한 초월적 신 개념은 자칫 무와 공을 어떤 실체로 규정해 버릴 수 있다. 이 '없음'을 고정적이고 불변하는 어떤 초월적 실체로 규정해서도 안 되는 이유는 실체론적 초월성에 기초해 무와 공을 설명하는 방식이 무와 공을 초월적 실체로 규정함으로써 신과 세계를 위계적으로 분리하게끔 하기 때문이다. 이러한 신은 만물 안에 있지 않고 만물 밖에 초월적으로 존재한다. 따라서 무와 공의 개념을 통해 신을 설명하려 한다면, 무와 공은 "자기 속이 비어 있어 있는 것" 혹은 "아무것도 재현하지 않는 것"(한병철, 2021: 13)으로 이해되어야 하며, 신 역시 그렇게 이해되어야 한다. 이러한 맥락에서 없이 계신 하느님은 스스로의 자성을 결여하면서 이 세계의 존재자들에 내재하지만, 동시에 이를 포괄하고 넘어서는 그 무엇이다(안규식, 2024: 127-128).

큰 하나와 없흔 ᄋ

다석의 없이 계신 하느님의 개념과 상응하는 개념은 주돈이(周敦頤, 960~1127)의 ≪태극도설(太極圖說)≫에 나오는 '무극이태극(無極而太極)' 개념이다. 무극이태극은 우주의 생성과 변화의 근본이라 할 '큰 하나(太一)'인 태극이 본래 무극이라는 뜻이다. 우주의 운행은 태극이 음양을 낳고, 다시 음양의 변화가 오행(水, 火, 木, 金, 土)을 낳음으로 이루어진다. 따라서 "오행은 하나의 음양이고, 음양은 하나의 태극이며, 태극은 본래 무극"이다(풍우란, 2019: 442).

다석은 없이 계신 하느님을 '없흔 ᄋᆞ(없이 계신 큰 '하나')'로 바꾸어 말하기도 했는데, 다석의 제자 김흥호는 이 '없흔 ᄋᆞ'를 무극이태극과 연관시켜 해석한다(김흥호, 2002: 382-389). 다석의 '없흔 ᄋᆞ' 곧 무극이태극에서 전체는 부분을 포함하고, 부분은 전체를 온전히 소유한다. 부분은 전체성으로 소실되지 않고, 전체는 부분을 통해 현전하는 "위계와 차별이 소거된 연속성의 관계"라 할 비시원적 관계다(안규식, 2024: 140). 이는 만물을 생성하는 궁극적 실재인 '큰 하나' 곧 태극에서 시작해 음과 양 그리고 오행이라는 우주 발생과 유지 그리고 변화의 과정이 이어지지만, 결국 음양과 오행의 요소들 안에 태극이 있으며 그 태극이 곧 형체를 가늠할 수 없는 무한자라 할 무극이라는 무극이태극의 주장과 상응한다. 다시 말해 "분명히 태극은 음양오행을 낳지만 또한 태극은 사실상 음양오행 안에 존재한다"(풍우란, 2019: 448). 따라서 무극이태극의 없이 계신 하느님은 이 세계를 낳고 생성한 태극 곧 '큰 하나'의 하느님이지만, 이와 동시에 그 하느님은 무극으로서 자신의 존재론적 우위를 포기하고 세계를 포함하면서 그 세계 안에서 내재하고 그 세계를 통해 현전하는 '없흔 으'의 하느님이기도 하다. 이처럼 다석의 없이 계신 하느님은 "모든 사물을 포용해 일체를 이루는 큰 하나 곧 '없흔 으'"(안규식, 2024: 141)의 신이다.

'우리들이 바로 신인 것이다'

없이 계신 하느님은 이 세계 밖에서, 이 세계 안에서, 이 세계를 통해서 이 세계와 관계를 맺는다. 다석은 이 관계를 아버지와 아들의 관계로 설명한다. "아버지는 아들을 잊을래야 잊을 수가 없다.… 아버지와 아들은 나눌래야 나눌 수가 없고 쪼갤래야 쪼갤 수가 없다. 차별이 있는 것 같으나 떨어지지 않는다."(류영모, 2002: 52)

신학은 보이는 이 세계의 색상들로 보이지 않는 신을 그려 내는 상상력의 작업이다. 다석이 그려 내는 없이 계신 하느님은 우주를 생성하는 '큰 하나'의 신이면서, 자신의 형체를 비우고 해체함으로써 이 세계와 자신을 합일하는 '없흔 으'의 신이다. 자신을 비우기에 한없이 개방적이고,

세계와 하나가 될 수 있으면서도 세계와는 구별된다. 다석은 이렇게 말한다. "하느님은 없이 계시므로 언제나 시원하다. 하느님은 물질을 지녔으나 물질이 아니다. 하나님은 모든 물질을 이룬 얼이요 모든 물질을 담은 빔이다. 모든 물질을 거둘 빔이다."(류영모, 2002: 56)

없이 계신 하느님을 신앙하는 인간은 신이 자신 밖에, 자신 안에 그리고 자신을 통해 현전함을 고백할 수 있다. 무엇보다 하느님의 없이 계심으로 가장 먼저 경험하게 되는 것은 자신을 비워 한없이 개방적인 '없흔 ᄋ'가 사실상 자신과 하나가 되었다는 사실이다. 신은 우리 안에 있기에 신은 우리와 하나다. 이런 맥락에서 다석은 이렇게 말한다. "우리들이 바로 신인 것이다."(류영모, 2002: 39)

또한 나 자신이 신과 '하나'임을 알면, 다른 이들 역시 신과 '하나'임을 알아야 한다. 나의 생명은 그들의 생명과 다르지 않다. 그리고 신의 생명은 우리의 생명 위에서, 우리의 생명 안에서, 우리의 생명을 통해서 자신을 현전한다. 더 나아가 신의 생명은 동물과 식물 그리고 미미한 생명체에 이르기까지 그 모두를 자신 안에 포함한다. 그러기에 모든 존재는 어떤 형태와 조건에 처해 있든 그 자체로 신성하다. 종종 다석의 사상에서 모순이 드러나는 것은 바로 이러한 생명에 대한 민감함 때문이다. 다석은 "이 세상은 물질로 된 더러운 데다. 거룩을 구하는 내가 머무를 곳이 아니다"(류영모, 2002: 209)고 말했다. 무덤처럼 열린 입으로 다른 생명체를 잡아먹어야 사는 이 세계 안에서의 생명을 참 생명으로 받아들일 수 없었기 때문이다. 따라서 다석은 "결코 참 생명은 해 아래 있는 것은 아니다"(류영모, 2002: 209)라고 말했다. 이처럼 다석이 가진 예민한 생명 감수성은 역설적으로 타자의 생명을 취해 자신의 생명을 살리는 이 세계의 생명을 거부하고 또 다른 참 생명을 찾도록 했다. 결국 다석은 이 세계 안에서 드러나는 없이 계신 하느님의 현전이 그에게 뚜렷해질수록, 이 세계가 더욱 절망적인 곳이 되는 모순을 경험한다. 다석이 평생 생명을 그토록 찾으면서도 죽음 역시 간절히 구했던 이유가 여기 있다.

참고문헌

김홍호(2001). ≪다석일지 공부 3≫. 솔출판사.

류영모(1990). ≪多夕日誌 1≫. 홍익재.

류영모 지음, 박영호 엮음(2002). ≪多夕 柳永模 어록≫. 두레.

안규식(2024). ≪비움과 숨: 한국적 영성을 위한 다석 류영모 신학 연구≫. 동연.

풍우란 지음, 박성규 옮김(2019). ≪중국철학사 · 하≫. 까치글방.

한병철 지음, 한충수 옮김(2021). ≪선불교의 철학≫. 이학사.

10
잇업틈식 아름돕음

다석 류영모가 평생 추구한 대상은 절대적인 공 곧 없이 계신 하느님이었다. 다석의 삶은 그 하느님과 하나가 되기 위한 자기-비움의 수행적 삶이었다. 아름다움은 다석의 지난한 수행적 삶을 설명할 수 있는 개념 중 하나다. 다석은 탐, 진, 치의 허구적 아름다움에 맞서 무와 공의 아름다움을 추구하며 살았다. 그리고 다석의 자기-비움 수행은 무와 공의 아름다움을 받아들일 또 다른 차원의 감각을 형성했다.

천계시

다석은 1957년 2월 17일에 쓴 일지에서 구약성서 시편 51편을 자신의 말로 옮긴 내용과 함께 아름다움에 대한 글을 남긴다. 다석은 꽃의 아름다움은 허공과의 사이에서 드러나며, 허공과의 만남에서 하느님의 계시 곧 아름다움이 드러난다고(花容空郭天啓示) 표현한다(류영모, 1990a: 338). 즉 아름다움이란 이 세계의 존재자들에게 있는 것이 아니라 존재자들을 있게 하는 '허공' 곧 없이 계신 하느님과의 만남에서 드러나는 것이라 말할 수 있다. 없이 계신 하느님인 허공은 존재자들보다 한없이 크고, 모든 존재자를 담고 있다.

또한 다석은 1970년 7월 20일에 적은 "공간미전(空間美展)"이라는 한시에서 아름다움에 대해 썼다. 다석은 이 시의 제목 옆에 우리말로 "잇업틈ᄉᆡ 아름ᄃᆞᆸ음('있음'과 '없음' 틈새의 아름다움)"(류영모, 1990b: 775)이라는 표현을 덧붙인다. 아름다움이란 "있는 유(有)와 없는 무(無) 사이"(김흥호, 2001: 207)에 있다는 것이다. 이 시에서 다석은 '있음'과 '없음'의 '사이'에서 아름다움이 참되고 선하게 열린다고(有無際美眞善開) 적었다. 곧이어 삶과 죽음 '사이'에 사람의 정다운 생애가 있는 것(生死中人物情涯)이라고 말한다(류영모, 1990b: 775).

다석은 '사이'에서 아름다움을 보았다. 다석에게는 '있음'만도 아니고 '없음'만도 아닌, 삶뿐만 아니고 죽음뿐만이 아닌 그 '있음'과 '없음', 삶과 죽음의 '사이'가 아름다움이 드러나는 장소였다. 사이는 서로 다른 혹은 상반되는 것들이 만나 서로를 존재하게 하는 장소이기도 하다. 눈에 보이는 '있음'은 눈에 보이지 않는 '없음'이 그 바탕이 되기에 존재하며, '없음' 역시 드러나는 '있음'의 자리가 됨으로써 존재한다. 삶의 가치를 더욱 귀중하게 만들어 주는 것은 삶의 반대편에 자리한 죽음이며, 죽음의 가치를 정해 주는 것 역시 죽음 반대편에 자리한 삶이다. 따라서 없음이 곧 있음이다. 다석은 말한다. "본래 없는(本無) 이것을 있다고 하고 싶다. 본래 없는 것만이 참 있는 것이라고 생각된다. 본래 없는 것이 계시는 하느님이다."(류영모, 2002: 220)

이처럼 다석은 상반되는 양자 간 만남의 장소인 사이에서 아름다움을 발견하려 했다. 무엇보다 이 세계의 모든 존재자를 통해 아름다움을 보여 주는, 존재자들과 상반되는 가장 근원적인 바탕을 '없음' 곧 빈탕이라 보았다. 모든 존재자는 바로 이 빈탕함에 이르러야 아름다움을 드러낼 수 있다.

다석은 빈탕의 아름다움을 그 대상이 되는 빈탕으로만 한정 짓지 않았다. 다석은 아름다움의 근원이 되는 빈탕과 그 빈탕을 구현하려 하는 자기-비움의 수행적 인간 주체가 일치될 때에야 비로소 아름다움이 완성된다고 보았다. 다석은 이를 예술가와 악기로 비유한다. “사람은 피리와 같다. 마음속이 비어야 하느님의 가락이 흘러나온다.… 나는 피리요, 피리를 부는 이는 하느님이시다.… 허공이 피리의 본질이요, 가락이 피리의 생명이다.”(류영모, 2002: 213)

그렇다면 아름다움의 근원이자 인간 주체가 수행을 통해 도달할 비움 곧 공(空)의 내용은 무엇일까? 앞서 서술했듯 다석이 1957년 2월 17일 일지를 구약성서 시편 51편의 내용과 함께 기록한 것으로 미루어 볼 때, 다석이 말한 ‘천계시(天啓示)’ 곧 하느님의 계시인 아름다움이 가리키는 바가 무엇인지 짐작해 볼 수 있다. 다석이 적은 시편 51편의 내용 중 일부는 다음과 같다. “主는 祭祀를 깃버 안 ᄒᆞ시ᄂᆞ니 … 한옿님의 祭祀는 傷ᄒᆞᆫ 心靈이라(주는 제사를 기뻐 안 하시나니 … 한옿님의 제사는 상한 심령이라).”(류영모, 1990a: 338) 다석은 신앙적 대상이라 할 ‘한옿님’이 기뻐하는 심령이란 ‘상한’ 심령이며, 그것은 자기-비움의 마음이라 보았다. 다석에게 천계시 곧 비움의 아름다움은 애통, 고난, 상실, 아픔으로 드러나는 아름다움이며, 일반적으로 아름다움이라 여겨지는 것과는 다른 종류의 아름다움이다.

다석은 이 세계가 추구하는 탐, 진, 치의 허구적 아름다움을 거부하면서 자기-비움의 수행을 통해 주어지는 참된 아름다움을 발견하려 했다.

수행과 아름다움

다석은 아름다움은 곧 "깰걸 깨끄티 깬대로만(깨고 깨끗이 깬 대로만)"(김흥호, 2001: 509), 다시 말해 자신의 몸을 '깨는' 수행을 통해 '깨끗'의 도덕적 완성을 이루어, 얼 생명을 '깨닫는' 깨달음의 과정을 거쳐야 드러난다고 보았다. 식욕과 성욕을 비우고 내면으로 파고드는 금욕적 수행, 그 수행을 통해 재정위된 수행 주체의 욕망, 깨달음의 얼 생명 발현이 곧 다석이 본 아름다움에 이르는 과정이었다. 다석에게 자기 몸의 욕망을 부정하는 금욕적 수행은 미적 주체가 가진 감각을 아름다움의 신적 진리로 변형하는 미학적 매개라 말할 수 있다.

이러한 맥락에서 다석은 자신의 욕망을 하나의 '점(·)'으로 축소해 얼 생명을 이루는 '가온찍기(ㄱ̇ㄴ)'의 금욕적 수행이야말로 아름다움의 출발점이라 보았다. 다석은 이를 다음과 같이 표현한다. "이 가온찍기(ㄱ̇ㄴ)의 한 긋만이 진실한 점(點)이다. 이 점(얼)에서 착한(善) 선(線)이 나오고 아름다운(美) 면(面)이 나오고 거룩한(聖) 체(體)가 생긴다."(류영모, 2002: 83) 다석은 자신의 수행 방법 중 '생각'을 중시했다. 다석은 바탈 곧 성(性)을 태우는 생각의 수행을 통해 아름다움에 이른다고 말한다. 다석은 생각함이야말로 인간이 가진 바탈이며, "몸성해 참되고 마음 놓여 착하고 바탈을 태워 아름답다(몸을 온전히 하여 참되고, 마음을 바로잡아 착하고, 생각을 불사르는 변화를 통해 아름다움에 이른다)"고 말한다. 다석에게 "바탈은 생각이 밑천이 되어 자기의 정신을 불사르는 예술의 세계"였다(류영모, 2002: 80).

다석은 '꽃피'라는 용어를 사용해 죽음, 생각의 수행, 그리고 아름다움을 연결한다. "생각이란 꽃피(花血, 花開)요, 죽는 연습이다.… 죽음의 연습이라는 것은 오늘 하루하루를 착실하고 아름답게 생각의 꽃을 피우는 것이기 때문이다."(류영모, 2002: 184) '피'를 흘리듯 죽음이라는 마지막을 생각하며, 매일 생각의 '꽃'을 피우는 깨달음이 아름다움에 이르는 길이다. 다석은 이렇게 말했다. "종교의 핵심은 죽음이다. 죽는 연습이 철학이요, 죽음을 이기자는 것이 종교다. 죽는 연습은 영원한 생명을 기르기 위해서다. 단식(斷食)하고 단색(斷色)하는 것이 죽는 연습이다." 이처럼 다석은 몸 생명과 얼 생명을 변증법적으로 이해했고, 몸 생명에서 얼 생명으로 이행시키는 매개를 수행으로 보았다. 다석은 "몸 부정(否定)이 정신"(류영모, 2002: 86)이며, "죽음이란 육체의 멸망이요, 정신의 승리"(류영모, 2002: 111)라고 말했다. 이처럼 얼 생명의 완성을 위한 과정이자 최종적 변곡점이 바로 죽음이었는데, 이 죽음을 미리 선취해 얼 생명을 가져오는 것이 바로 생각의 수행이었다.

비움의 아름다움을 추구한 다석에게 아름다움은 정신적으로 주어지는 깨달음의 경험과 존재론적 변화였지만, 이것에 이르는 출발점은 수행하는 몸이었다. 다석에게 "수행은 자신의 주체에 신적 진리를 변형시키는 것이 아니라, 신적 진리에 자신의 주체를 변형"시키는 매개였다(안규식, 2024: 93). 다석은 자신의 몸을 비움의 수행을 통해 변형함으로써 비움의 아름다움을 현실화했다.

빈탕한 데 맞혀 놀이

다석은 1957년 2월부터 빈탕과 더불어 짝이 되어 즐거움을 누린다는 뜻의 "여공배향(與空配享)"이라는 한시를 무려 일곱 수나 일기에 기록했다. 각각의 내용은 이 세상의 모든 동포를 공평하게 대우해야 한다는 내용과 공(空), 허

(虛), 대(大)의 하느님의 성품, 숨어 있는 전체로서 하느님 등으로 이루어져 있다(안규식, 2024: 200).

다석은 빈탕의 없이 계신 하느님과 신비적으로 합일하는 데서 오는 즐거움을 "빈탕한 데(허공)에 맞춰 놀이하는 것"(류영모, 2002: 214)이라 표현한다. 다석은 '물질' 곧 탐, 진, 치 욕망의 대상에서 즐거움을 찾지 않고 집착과 욕망, 아집에서 벗어나는 비움의 수행을 통해 허공과 하나됨 가운데서 나오는 즐거움을 추구했다. 다석에게 빈탕한 데의 허공과 얼 생명이 하나로 이어지는 데서 비롯하는 즐거움은 놀이가 주는 그것과 같다. 탐, 진, 치의 욕망을 부정하는 것은 빈탕과 짝이 되어 어울리는 놀이의 규칙이다. 이 규칙은 놀이의 꼴을 지어 주지만, 이 꼴 덕분에 놀이의 대상과 하나가 되고 조화와 자유로움과 즐거움이 주어진다. 한국인은 이러한 조화와 자유로움과 즐거움이 발현되어 나오는 경지를 천인합일(天人合一)이라 불렀고 이것이 아름답다고 보았다. 이 아름다움은 한국 고유의 영성이자 정신적 세계라 할 풍류도(風流道)와 상응한다. 빈탕한 데 맞춰 놀이하는 즐거움은 "세속을 초월한 종교적 자유와 삶에 뿌리를 내린 생동감과 조화에서 나오는 아름다움"(유동식, 2006: 22)과 같고, 이는 풍류도의 예술적 발현인 '멋'으로 부를 수 있을 것이다.

다석은 바로 이 멋과 아름다움에 이끌려 살았다. 빠르게 발전하는 문명과 기술이 제공해 주는 혜택, 인간 욕망의 무제한적 만족을 약속하는 물질적 번영을 누리면서도 정신적 빈곤과 내면의 허무함에서 헤어 나오지 못하는 우리에게 정작 필요한 것은 이론적 설명이나 도덕적 주장보다 우리의 감각을 일깨우고 이끄는 아름다움일 것이다. 다석을 이끌었던 아름다움은 탐, 진, 치의 무한한 욕망의 충족에 기초한 '왜곡된' 아름다움을 극복하는 자기-비움의 전복적인 아름다움이다. 그리고 그 아름다움이 생명을 가져다 준다.

이러한 관점에서 보면 다석의 치열했던 수행적 삶은 허구적 아름다움과 대결하는 비움의 참 아름다움에 이끌려 이를 표현하려 했던 얼 생명의 행위 예술이다(안규식, 2024: 546-548). 다석은 이 아름다움에서 구원을 보았고 이 아름다움에 이끌렸다. 오늘날 전체 생명의 삶을 살리기 위한 원동력을 찾는 우리가 다석의 삶과 사유에 주목해야 하는 이유 중 하나는 바로 여기에 있을 것이다.

참고문헌

김흥호(2001). ≪다석일지 공부 6≫. 솔출판사.

류영모(1990a). ≪多夕日誌 1≫. 홍익재.

류영모(1990b). ≪多夕日誌 2≫. 홍익재.

류영모 지음, 박영호 엮음(2002). ≪多夕 柳永模 어록≫. 두레.

안규식(2024). ≪비움과 숨: 한국적 영성을 위한 다석 류영모 신학 연구≫. 동연.

유동식(2006). ≪풍류도와 예술신학≫. 한들출판사.

다석 류영모(多夕 柳永模 1890~1981)

한국의 그리스도교 사상가이자 '서양 문명과 문화의 골수를 동쪽의 문명과 문화'의 뼈에 집어넣은 동서회통의 철학자다. 호인 다석은 '많은 저녁'을 뜻한다. 35년간 YMCA 연경반(硏經班) 모임에서 경전을 가르치고 ≪성서조선≫과 같은 잡지에 여러 편의 글을 기고한 애국계몽 운동가이기도 하다. 순우리말로 ≪노자≫와 ≪중용≫을 완역했으며, 1955년부터 1974년까지 20년 동안 직접 기록한 일기와 여러 잡지에 기고한 글들을 모은 ≪다석일지≫를 남겼다. 류영모는 평생 은둔하며 살았지만, 그의 가르침을 받은 많은 인물들이 그의 사상을 발전시키고 널리 알렸다. 류영모의 제자 중 대표적 인물로는 함석헌이 있다. 류영모가 숨을 거두며 마지막으로 한 말은 '아, 바, 디'였다. '아'는 감탄사, '바'는 밝다는 빛의 구현, '디'는 디딘다는 실천적 삶을 뜻했다. 류영모의 삶에서 나온 이러한 '생각'은 오늘날 그가 한국 근현대를 대표하는 사상가 중 한 명으로 자리매김하게 했다.

안규식

연세대학교 한국기독교문화연구소 연구교수, 한국신학 연구자. 충남대학교 사학과(B.A.)와 서울신학대학교 신학대학원(M.Div.)을 졸업하고 영국 킹스컬리지런던에서 종교사회학(M.A.)을 전공했다. 연세대학교에서 한국의 그리스도교 사상가인 다석 류영모의 신학을 주제로 조직·문화신학 박사 학위(Ph.D.)를 받았다. 현재 연세대학교에서 한국신학과 조직신학 그리고 기독교의 이해 과목을 가르치고 있다. 저서로 ≪비움과 숨: 한국적 영성을 위한 다석 류영모 신학 연구≫, ≪우리 시대의 그리스도교 사상가들 Ⅱ≫(공저)이 있으며, 번역서로 ≪디지털 교회를 위한 교회론≫, ≪신비주의≫, ≪그리스도 안에서 변화되다: 고린도전서≫, ≪바울이라는 세계≫, ≪어둠을 끊어 내다: 고린도후서≫, ≪신학의 역동성≫(공역)이 있다.